中石和良
Kazuhiko Nakaishi

サーキュラー・エコノミー

企業がやるべきSDGs実践の書

ポプラ新書
194

はじめに

工場に落ちている糸くずを原料にしたシューズ。

汚くなり、ボロボロになって履けなくなった古靴を新品に再生。

これらは、いずれも誰もがよく知る、グローバルなスポーツメーカーから発表された商品です。「サーキュラー・エコノミー（Circular Economy＝循環型経済）」という経済・産業システムから新たに着想されました。

サーキュラー・エコノミーとは、日本でもよく知られるようになったSDGs（持続可能な開発目標）を達成するための実践的な考え方となります。具体的な方法論として、世界の多くの先端企業が意識して取り組んでいます。

では、今までありえないと思われていた製品や技術がどのように生まれてきたのか。

そして、そうした試みや野望に挑む原動力になったサーキュラー・エコノミーとは、いかなるものなのか。

本題に入る前に、ひとつビジネスの話をしましょう。

スウェーデンの家電メーカー、エレクトロラックスが始めたロボット掃除機のサービスです。

エレクトロラックスはストックホルムに本社を置く、創業100年を超えるヨーロッパ最大の家電メーカー。ノンフロン冷凍冷蔵庫を世界で初めて発売したことでも知られ、日本でも商品を購入することができます。

そのエレクトロラックスが提案するのが、「掃除機を売る」のではなく、「掃除をするサービスを消費者に提供する」こと。消費者に掃除機をレンタルし、掃除した面積に応じて料金を請求するようにしたのです。

同じように、ある一定期間、製品を借りて使うサービスとしては日本では複写機やIT機器のリースやレンタルが一般に知られています。また、クルマなどをシェアするカーシェアも今ではお馴染《なじ》みとなりました。しかし、これらはどれも、「製品自体が高額で購入するにはハードルが高い、もしくは使用頻度がそれほどでもないために、必要なときに借りられればよい」という発想で成り立っています。

しかし、エレクトロラックスは掃除機という、比較的購入しやすく、使用頻度も非常に高い製品で、消費者にサービスを提供するビジネスを始めました。この試みがリリースされたのは、２０１９年です。

私は最初「果たしてビジネスとして成立するものなのか」と疑問に感じました。ただ、詳細を知って「なるほど、こういうことか」と感心したのです。

考えてみると、私たちは掃除機というモノが欲しかったのでしょうか。カッコ良く、速いクルマには所有する喜びというものがありますが、掃除機は違うのではないでしょうか。「所有」よりも、部屋をきれいにするための「機能」や「性能」を第一に求めていた、エレクトロラックスはそうした私たちの真のニーズに応えようとしたのです。

もちろん、エレクトロラックス側にもメリットがあります。掃除機を売却するのでなく、所有権を自分たちが持ったまま貸すという仕組みにしておけば、丈夫で長く使える耐久性がある掃除機を作り、修理や整備をしながら複数の借り手に長期間貸すことができます。その点において、１台あたりの生産のコストパフォーマンスを高めることができます。

レンタルする掃除機には、インテリジェント・センサーというデータ処理機能やメモリー機能を内蔵したセンサーを付けています。これは掃除した面積を記録するためですが、このセンサーがあることで、その借り手がどのくらいの頻度で掃除をしているのか、掃除をする場所はフローリングが多いのか、どの部屋が多いのかといった情報も一緒に集まってきます。これがエレクトロラックスにとっては、今まで知ることのなかったユーザー行動のデータとなり、次の製品開発に生かすことができるのです。

つまり、単純に製品を購入してもらうのではなく、サービスを提供することでビジネスが広がっていく可能性を入手することができるのです。

このビジネスの根底には、有限な資源を無駄に使わず、その資源を循環させながらとことん使い続けるという考え方があります。さらに、そこにデジタル技術を組み合わせることで、最大限の効率性と企業メリットを生み出します。

これがサーキュラー・エコノミーの考え方です。単に、資源を循環させるだけではない経済システムと言えるもので、詳しくは序章以降で説明していきます。

今、誰もが知っている名だたるグローバル企業が、従来の大量生産・大量消費の経済システムに終止符を打ち、こぞってこのサーキュラー・エコノミーへ移行し始めています。と同時に、画期的な新製品や魅力的なサービスが生み出されています。まさに、新たな経済システムへのパラダイム・シフトが世界で起こっているのです。

どうしてそのような変革が起きているのでしょうか。それは、「2050年の地球はついに持続不可能に陥り、2100年には人類は地球上に存在していない」、そんな「ディストピア（暗黒世界）」に向かう悲劇のシナリオがにわかに現実味を帯びているからです。

2019年の「国連気候行動サミット2019」では、北極圏の冬の気温が1990年から3度も高くなり、海水面の上昇とともにサンゴ礁が死滅へ向かっていると警告されました。経済活動や日常生活で生まれる廃棄物の処理による環境問題も、かなり深刻です。

世界銀行の報告書によると、現在、年間20億トンの廃棄物は、2050年までには年間34億トンに達すると予測されています。さらに、年に3億トンにも及ぶプラスチック廃棄物はそのうち800万～1200万トンが海へ流出し、海の生態系を脅かす海洋プラスチック廃棄物問題に発展しています。

また、国連が2019年に発表した報告書によると、現在77億人の世界人口は2050年には97億人まで増加すると見込まれています。それなのに、資源は枯渇し始め、爆発する人口を支えるエネルギーや食糧は足りなくなる状況です。

今、地球が猛烈な悲鳴を上げています。もはや私たちに残されている時間はあまりない、というか、むしろ、待ったなしの状況に追い込まれていると言えます。

このままこれまでと同じような経済活動を続けていけば、必ずや最悪のシナリオが展開されるに違いありません。そこで注目されているのがサーキュラー・エコノミーなのです。

消費者のライフスタイルがサステナビリティ（持続可能性）を志向するようになった欧米では、国や自治体の政策、それにマーケットが一気にサーキュラー・エコノミーに舵《かじ》を切っています。当然のことながら、グローバルなサプライチェーン、いわゆる原材料調達から生産や管理、物流、そして販売までに携わる主たる企業も、次々にサーキュラー・エコノミー型の産業モデルに切り替えようとしています。

環境に関する国際的な枠組みでも、注目度が高まる一方です。2015年の国連サミットで発表された2030アジェンダ、いわゆるSDGsは、持続可能な地球を実現するために2030年までに世界各国が取り組むべき社会課題や環境問題を17の目標にして提示しました。

2017年の世界経済フォーラム年次総会（ダボス会議）では、SDGsへの取り組みによって、約12兆ドル（約1284兆円）の経済価値と3億8000万人分の雇用が創出されるという推計を発表。世界の企業や経済界がこぞって注目することとなったのですが、SDGsにはその目標をどうしたら達成できるのかといった手順や方法論は示されていませんでした。

日本の産業界でも、SDGsを事業活動に融合している企業は増え、帝国データバンクが2020年6月に全国2万3681社（有効回答1万1275社）の企業を対象に行った調査によると、24・4％の企業が「SDGsの意味および（もしくは）重要性を理解し、取り組んでいる」と答えました。

その一方で、「言葉は知っていて意味もしくは重要性を理解できるが、取り組んでいない」が3割超で、「言葉は知っているが意味もしくは重要性を理解できない」と答えた企業を含めると、半数近くがＳＤＧｓを知りつつも、取り組んでいないという結果となりました。これは、ゴールに向かうための具体的な議論が企業内でなされていないばかりか、その実践法がわからない、ないしは模索中という企業が多いということです。

そうした中、欧米企業の間ではサーキュラー・エコノミーがＳＤＧｓの目標を達成するための具体的な「方法論」として注目を集めています。また同時に、世界の平均気温上昇を1・5度に抑える目標を掲げたパリ協定を計画通り進め、気候変動を緩和する「手段」として熱い期待が寄せられています。

サーキュラー・エコノミーは産業界のグローバルスタンダードになりつつあり、ディストピアを回避するには、もはやこの選択肢しか残されていません。ところが、「3Ｒ（リデュース・リユース・リサイクル）を象徴とする循環型社会」の取り組みでは優等生だった日本は、その潮流に乗り遅れているのです。

なぜ、こうした状況に陥っているのでしょうか。２０１８年に「サーキュラーエコノミー・ジャパン」という組織を立ち上げ、その代表として日本でサーキュラー・エコノミーを根付かせようと活動してきた私は、ある誤解が日本で生じていることをたびたび実感しています。この誤解こそが、日本の自治体や企業の新たな産業モデルへのスムーズな移行を妨げる、足かせになっているような気がします。

本書では、サーキュラー・エコノミーを先進的に取り入れる企業の実例を取り上げながら、詳しく、そして正しくその仕組みやシステムを説明していこうと思います。

このまま、日本の企業がサーキュラー・エコノミーへ移行することができなければ、グローバルなサプライチェーンから外される可能性もあります。でもまだ、間に合います。今、一歩踏み出して新たなモデルに移行すれば、再び世界の中で強力な存在感を放てるとともに、リーダーシップを発揮することができるでしょう。そしてそれが、何より地球を守ることにもなるのです。

本書がその一助になれば幸いです。

サーキュラー・エコノミー／目次

序章　リニアからサーキュラーへ
――新たなビジネスモデルと日本の現状

日本でサーキュラー・エコノミーが誤解される理由

「サーキュラー・エコノミーとは何なのか？」

現在私は、このテーマでセミナーや講演などを各地で行っています。すると、たいていの参加者が誤解をしていることがわかります。

環境面で言えば、日本では2000年に公布された「循環型社会形成推進基本法」に則《のっと》って、循環型社会への取り組みが積極的に行われてきました。みなさんも、「リデュース（Reduce＝資源の使用と廃棄物の排出を減らす）・リユース（Reuse＝再使用）・リサイクル（Recycle＝再生利用）」という言葉を聞いたことがあるかと思います。

この3Rを核にした循環型社会の取り組みにおいて、日本は廃棄物量の削減やリサイクル率の向上で、世界でも先進的な成果を収めてきました。

だから、「今さら〝環境〟や〝循環〟と言われても、もうすでに取り組んでいるよ」という反応が企業人の大半を占めるのです。

しかし、サーキュラー・エコノミーの考える「循環」はそれとは少し異なります。

リニア（直線）とサーキュラー（循環）の違い

産業革命以降の資本主義の発展と急速な技術進歩やイノベーションは、私たちに快適で豊かな暮らしをもたらしました。ただ、この豊かさは大量生産・大量消費を前提とした経済システムの上に成り立っています。

それは、地球から資源やエネルギーを奪い、製品を製造・販売し、使い終わったら廃棄する、文字通り一方通行の「リニア・エコノミー（直線型経済）」と呼ばれています。ただ、世界人口の爆発的な増大や新興国での中間層の激増により、資源は次第に枯渇し、それに応じて資源の高騰が進んでいます。もはや、リニア・エコノミーは地球の限界を超え、破滅寸前の状態であることは周知の通りです。

さらに、リニア・エコノミーは厄介な問題ももたらしてきました。経済活動によってCO$_2$などの温室効果ガスの排出量は膨らみ、気候変動の引き金となる地球温暖化を引き起こしました。世界各地で大型台風や豪雨によって甚大な自然災害が起こっています。くわえて、廃棄物を処理し切れず、大量のプラスチックが海に流出することで、生態系を脅かす海洋プラスチック廃棄物といった深刻な環境問題に発展しています。

リニア・エコノミーは、もはや経済活動も企業活動もできなくなる、「持続不可能な経済システム」だと私は考えます。

こうした旧来型の経済が抱えるさまざまな課題を解決し、持続可能な社会を実現する経済システムとして注目されているのが、サーキュラー・エコノミーです。これは、「採って、作って、使い・作り続ける」。文字通り、サーキュラー（円）にして循環させていくシステムです（図1）。

日本でこれまで進められてきた3Rの、いわゆる「リサイクリング・エコノミー」は、「廃棄物の発生を抑制し、廃棄物のうち有用なモノを循環資源として利用。適正な廃棄物の処理を行い天然資源の消費を抑制することで、環境への負荷をできる限り低減する」と表現されています。

図1　リサイクリング・エコノミーと
サーキュラー・エコノミーの違い

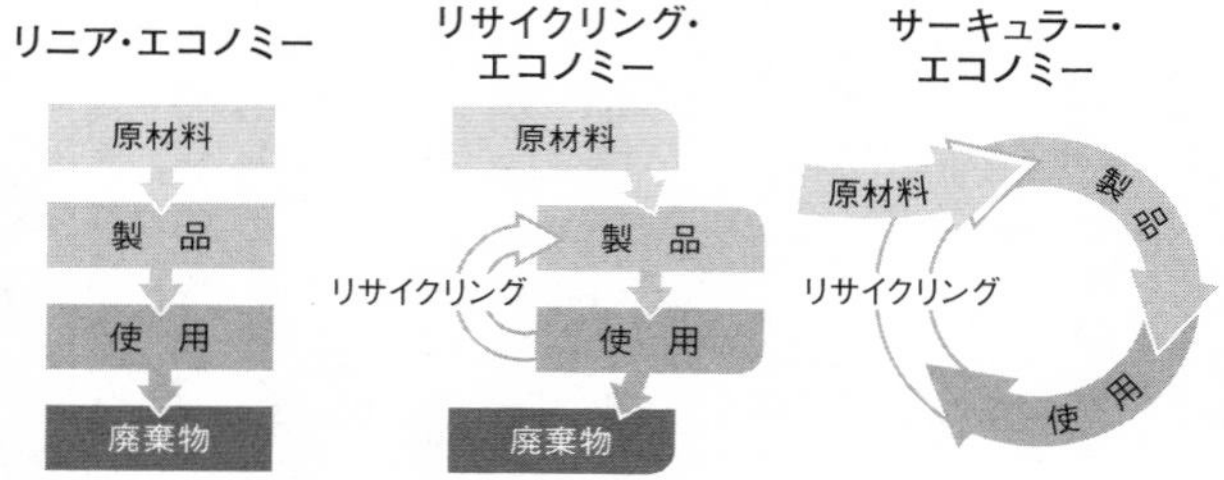

出典：「A Circular Economy in the Netherlands by 2050」

おわかりのように、ここでは、「廃棄物を排出すること」が前提となっています。廃棄物を少なくし、有用な廃棄物は再利用し、有用でない廃棄物は適正に処分するということで、あくまでもリニア・エコノミーの延長線上なのです。

リサイクリング・エコノミーが廃棄物を出す前提、あくまでも「廃棄物ありき」だったのに対し、サーキュラー・エコノミーは「まずは、廃棄物と汚染を発生させない」ことを前提とする仕組みです。

最初のモノやサービスの設計段階から廃棄物と汚染を生み出さないプランを考え、一度採取した資源を「作って、使い・作り続ける」という循環で回していく。サーキュラーの円は開くことなく閉じたままなのです。

サーキュラー・エコノミーはリサイクリング・エコノミーの延長線上にあると思われがちで、日本の企業でもそういった理解をしている人が多いのですが、両者は似て非なるもの。そもそも目指すビジョンが根本的に異なるので、延長線上で捉えていてはサーキュラー・エコノミーへの移行はできません。

世界で大きなうねりになろうとしているサーキュラー・エコノミーの潮流に日本が乗り遅れているのは、この誤解がいまだに解消されないままだからだと私は感じています。

さらに、もうひとつ重要な視点があります。それは、製品や原料を循環させること以外に、欧州においてはサーキュラー・エコノミーの概念はどんどん進化していることです。

サーキュラー・エコノミーは、経済・産業（生産・消費、インフラ、輸送、食料・農業、建設）から、税制、金融、投資、社会的便宜までを徹底的にオーバーホールし、その根源となる自然の生態系の保護と復元を進める。それによって、人間の健康と幸せを実現することまでを目指そうとしています。具体例としては第1章以降で各企業の取り組みに触れていきますが、誤解をそのままにしていると、世界から大きく遅れることにもなりかねません。

サーキュラー・エコノミーの3原則

サーキュラー・エコノミーとは何なのかを、シンプルな文章で以下のように整理しました。

再生可能エネルギーに依存し、有害な化学物質の使用を最小化・追跡管理した上で、製品・部品・材料・資源の価値が可能な限り長期にわたって維持され、資源の使用と廃棄物の発生が最小限に抑えられる経済システム。

ここで重要なのが「再生可能エネルギーに依存」の部分です。使うエネルギーは何でもいいわけではありません。石油、石炭、天然ガスといった有限資源である化石エネルギーは使わない。あくまでも太陽光や風力、水力、地熱、バイオマスといった再生可能な資源によるエネルギーを使うことが大前提となります。

そして、使う資源の投入はできるだけ抑え、可能な限り価値を保ったまま循環させ、廃棄物と汚染の排出を可能な限り少なくさせる。すなわち、「投入の最小化と排出の最小化」を図って、無駄を徹底的になくすことです。

実践においては、「サーキュラー・エコノミーの3原則」に照らし合わせながら考え、行動していきます。

「サーキュラー・エコノミーの3原則」とは、以下の3つを言います。

廃棄物と汚染を生み出さないデザイン（設計）を行う。

製品と原料を使い続ける。

自然システムを再生する。

モノやサービスを考え・作るときは、最初から廃棄物や汚染を生み出さず、製品や原料を使い続けられるデザイン（設計）をした上でモノやサービスを使い続ける。さらに、すでに深刻な状況で、負荷を与えないだけではもう済まされない段階に来ている環境については、3つめの「自然システムを再生する」ところまで踏み込んでいかなければなりません。

ちなみに、この3原則を提唱したのは、イギリスに本部があるエレン・マッカーサー財団です。同財団はヨットで単独無寄港の世界一周を行ったデイム・エレン・マッカーサー氏が2010年に設立した財団で、グーグルやユニリーバ、ナイキなどのグローバル企業やマッキンゼー・アンド・カンパニーといった総合コンサルティング会社がパートナーとして参画。NGOや欧州各国の政府なども巻き込んで、サーキュラー・エコノミーへの移行を世界規模で推進しています。同財団が発表する提言や報告書は今や大きな影響力とインパクトを持っており、私も彼らの言動を注視し、情報交換を行っています。

「揺りかごから揺りかごへ」

この3原則の背景には、欧米で広がっている「クレイドル・トゥ・クレイドル（Cradle to Cradle＝揺りかごから揺りかごへ）」というモノづくりのコンセプトがあります。「クレイドル・トゥ・グレイブ（Cradle to Grave＝揺りかごから墓場まで）」という言葉を聞いたことがあるのではないでしょうか。これはかつてイギリスで叫ばれた社会福祉政策のスローガンで、それをもじったものが「クレイドル・トゥ・クレイドル」

です。

揺りかご（地球）から採った資源をゴミとして墓場（廃棄場）へ捨てていた従来のリニア・エコノミーから脱却し、揺りかごから採った資源は継続的に再利用して揺りかごで使い続ける、完全循環を目指したモノづくりと言えます。

具体的には、５つの基準を設けていて、「クレイドル・トゥ・クレイドル（C２C）認証」というグローバルな製品・素材認証制度が実践されています。「５つの基準」とは、以下になります。

有害な化学物質を含まない原料・素材の使用。
循環使用を前提とした設計と繰り返しの回収・リユース。
再生可能エネルギーの使用。
水の使用や排水の徹底した管理。
社会的に公正なプロセスでの製造。

アメリカの「アヴェダ（AVEDA）」はC２C認証を取得している製品を持つ化粧

品メーカーです。自然由来の原料を使い、容器に再生素材を利用している他、パッケージを最小限に抑える努力を行っています。また、材料を調達する世界各地の先住民の発展を支援するなど、多方面にわたって徹底的に環境と社会への取り組みを行っています。

現在世界でC2C認証を取得している製品は約600に及びますが、残念ながら日本では2020年6月の時点で認証を取得した製品はありません。日本ではまだまだ認知度が低く、C2Cとサーキュラー・エコノミーの関連性を理解している企業や人は少ないのです。

もちろんC2Cは理想形で、ここまで徹底したモノづくりはなかなか難しい。サーキュラー・エコノミーの3原則はこうした背景から生まれたのだと思います。

バタフライ・ダイアグラム

3原則を実現するための循環の仕方を、わかりやすく図式化した「サーキュラー・エコノミー・システム・ダイアグラム」(図2)を用いて説明します。ちなみに、この図はバタフライ(蝶)に似ていることから「バタフライ・ダイアグラム」とも呼ばれています。

図2　バタフライ・ダイアグラム

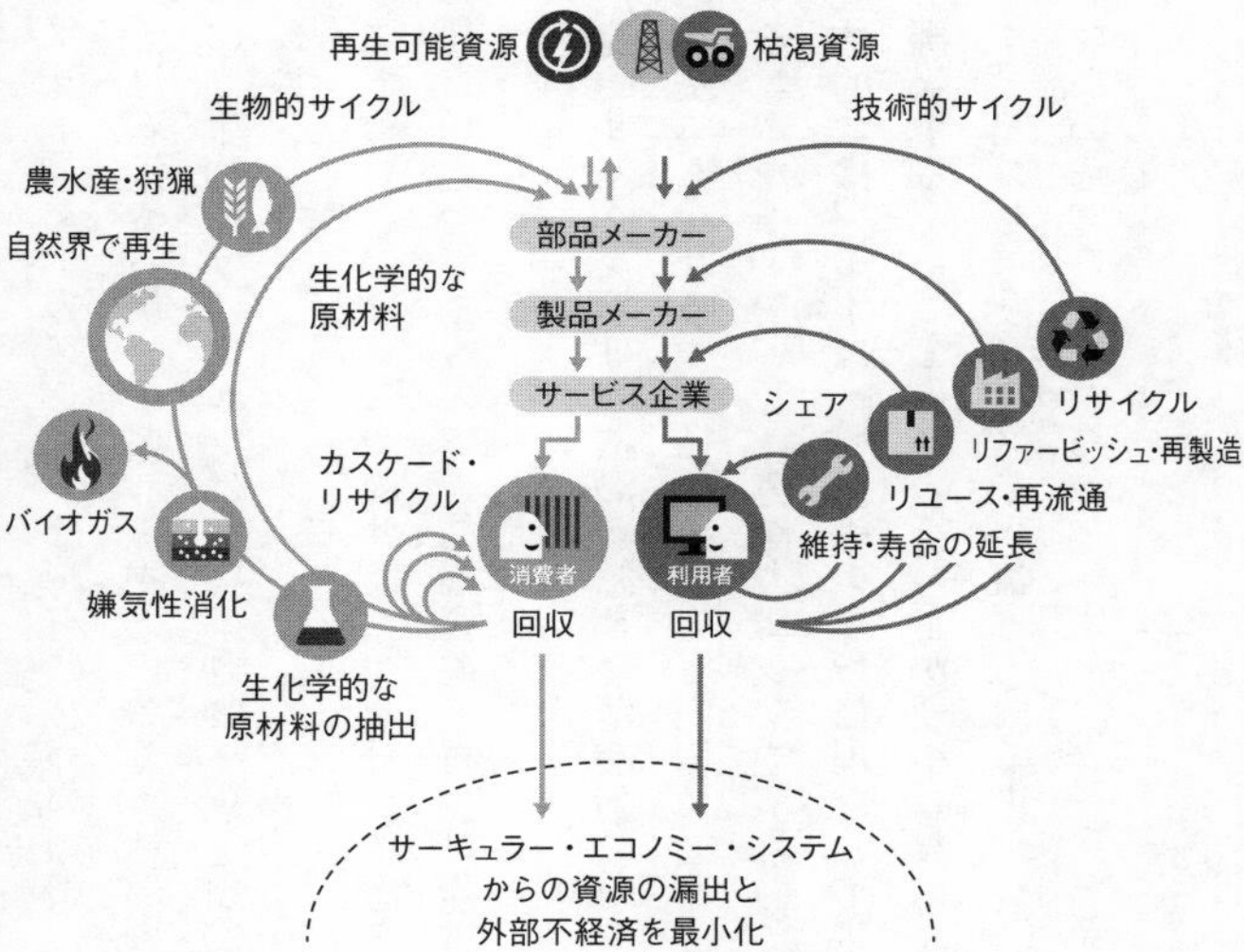

出典：エレン・マッカーサー財団
「サーキュラー・エコノミー・システム・ダイアグラム」

サーキュラー・エコノミーの3原則を実現するための循環の仕方を図式にしたものです。ここで重要なのは、右の「技術的サイクル」と左の「生物的サイクル」の循環を分けて、別々に進めていくことです。どちらのサイクルも、内側から循環させたほうが環境への負荷が少なく済みます。そして、循環し続けることでなるべくループを閉じたままにし、「資源の漏出」や取引当事者以外に影響が及ぶ「外部不経済」の最小化にとどめます。左のサイクルにある「嫌気性消化」とは、下水汚泥や食品工場排水などに含まれる有機性物質を嫌気（酸素の介在を伴わない）状態にして、微生物群によって分解し、メタンと CO_2 に分解する方法です。

バタフライ・ダイアグラムでは左右に2つの循環が広がっており、右の「技術的サイクル」は石油や石炭、金属、鉱物といった「枯渇資源」を循環させる場合です。対する左の「生物的サイクル」は植物、動物、魚といった「再生可能資源」のサイクルとなります。

ここで重要なのは、2つのサイクルを分けて考えることです。資源の性質により循環の仕方が違ってくるので、枯渇資源と再生可能資源は混ぜてはならず、別々に進めていく必要があります。

技術的サイクルでは、枯渇資源を経済活動の中で無駄なく使い、循環し続けるというのが基本となります。循環の仕方も内側の循環（インナーループ）ほど、新たに投入するエネルギーや資源、労働力が少なく済むので、内側から循環させていきます。

具体的には、まずはメンテナンスや修理をして長く使う、またシェアすることで無駄を排除する。そして最初の持ち主が使用しなくなると、リユースや再流通をしていきます。ただし、リユースや再流通となると、いったん回収して配送し直さなければならないので、そこでCO_2が発生し、燃料など新たなエネルギーが必要になってきます。

次に、リユースと再流通ができない段階になると、1回使い終わった製品を分解し、洗浄などの整備をしてもう一度製品に組み立て直します（リファービッシュ・再製造）。それすらできなくなると、一番外側のループ、いわゆるリサイクルの最終手段となります。原材料に戻し、原材料からもう1回部品や製品を作り直していきます。

外側になればなるほど、エネルギーや新たな材料、労働力を要することになり、CO_2をより多く排出するなど環境への負荷が高まります。したがって、製品の設計段階で内側のループから回していけるようなデザイン・設計を考えていくことがポイントになるのです。

先述したように、日本ではこれまで「リユース、リデュース、リサイクル」の3Rは行われてきましたが、その多くはリニア・エコノミーの発想でした。着手する順番は企業によってバラバラで、3Rのどこから進めるべきかという指針もなかったのです。こうした状態では、サーキュラー・エコノミーを実践することにはならないのです。

生物的サイクルの循環方法

対する、生物的サイクルの再生可能資源は永続的には循環できません。使って回すうちにだんだん劣化していきます。このように、元の品質を低下、劣化させながらもリサイクルしていくことを「カスケード・リサイクル」と言います。

たとえば、繊維素材。古着となったジーンズを回収すると、次はイスなどのファブリックとして利用し、そこで使えなくなったら今度はイスの中材などのクッションに転用する。さらに劣化すると断熱材にしたり、クルマの緩衝材にしたりと、素材としてはダウンサイクルになっていきます。

当然のことながら、このようなカスケード・リサイクルを1社で実現するのは不可能です。ファッション産業や家具メーカー、自動車メーカー、それに素材メーカーといった複数の企業の連携が必要になってきます。

そうして使い倒し、いよいよ使えなくなると最終的には自然界に戻します。生分解や堆肥化により土に戻すときもあれば、有機廃棄物ならバイオガスにしてエネルギーとして活用します。ただし、土に戻す場合は、ただ土に戻すだけではダメで、肥料や土壌改良剤など、土の栄養にして新たな植物や生物を育てていくことによって循環を生み出します。

この循環こそがサーキュラー・エコノミーの概念ですから、そもそもの製品が有害な化学物質などを含んでいてはいけないわけです。ここは、見逃してはいけない点でしょう。

今後、イノベーションが進むと、技術的サイクルと生物的サイクルの2つを組み合わせて循環させられるようになるかもしれませんが、現時点では分けて考えていくことが大切です。

「5つのビジネスモデル」とは

では、サーキュラー・エコノミーによって、どのようなビジネスモデルが生まれてくるのでしょうか。総合コンサルティング会社のアクセンチュア・ストラテジー（アクセンチュアの戦略部門）は以下の「5つのビジネスモデル」を特定しています（図3）。

サーキュラー・エコノミーによる5つのビジネスモデル

①循環型供給
②シェアリング・プラットフォーム
③サービスとしての製品

図3　5つのビジネスモデル

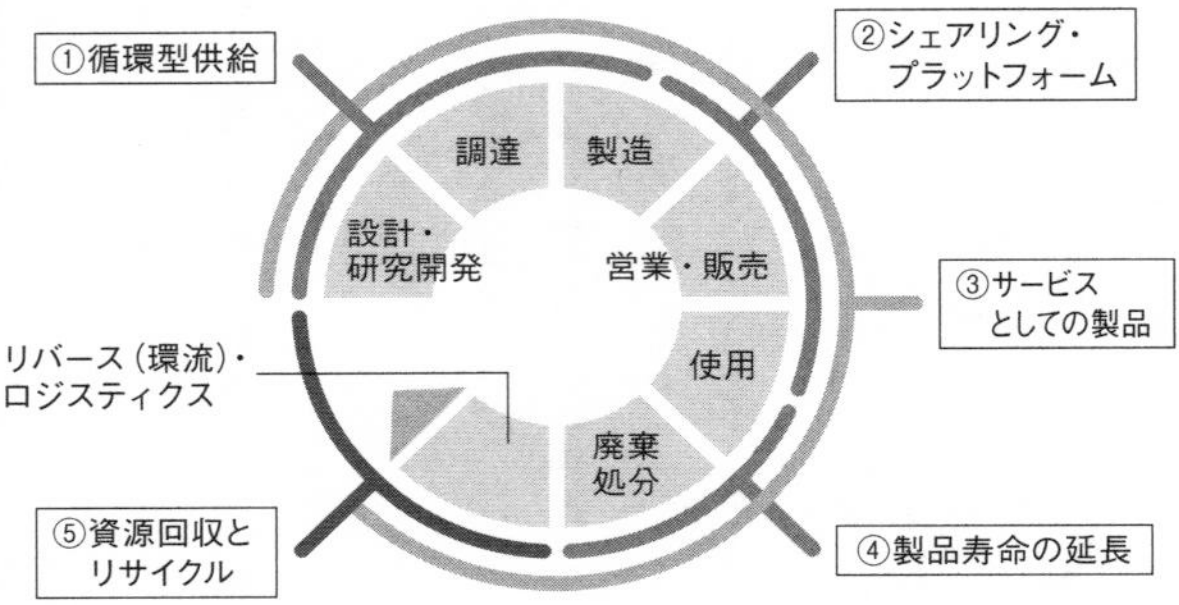

出典：アクセンチュア「サーキュラー・バリューチェーン」

④製品寿命の延長
⑤資源回収とリサイクル

個々の説明に入る前に、ここにも日本で間違って理解されがちな「落とし穴」があることに触れておきましょう。

それは、たとえば②の「シェアリング・プラットフォーム」だけを切り離して、サーキュラー・エコノミーが実現できていると思ってしまうことです。

「シェアリング・ビジネスならもうすでに手掛けている」と解釈した企業は、ビジネスを変えようとしない。これは大きな間違いで本質からずれてしまうことになります。シェアされる製品自体が、そもそもサーキュラー・

エコノミーの原則で作られていなければならないのです。

つまり、この5つのビジネスモデルは単独で存在するものではなく、サーキュラー・エコノミーのコンセプトで作られた製品のライフサイクルの、それぞれのステージとなります。そのため、5つを網羅できる製品が理想となります。

ここに、先に説明した3原則が重要な意味を成してきます。3原則の上に、5つのビジネスモデルが成立するからです。

製品の所有者は、あくまで企業という考え方

ここからは5つのビジネスモデルについて説明します。

①の「循環型供給」は循環型の仕組みが作れる原料や素材を開発し、そのまま供給したり、加工品にしたりして供給するビジネスです。このとき、②から④を有効に実現できること、さらに使い終わった製品を回収し、それを再び原料や部品として使える⑤の「資源回収とリサイクル」のビジネスを、最初から視野に入れた設計で取り組まなければなりません。

②と③は、そうした原料や素材を使って作られた製品の使い方を示しています。製

品を共有して使えるシェアリングにするのか、製品ではなくサービスとして提供するのかで分かれてきます。

ここでポイントとなるのが、②と③のいずれの場合も製品の所有権はメーカーが持っているということです。従来のリニア・エコノミーでは、製品を消費者に販売し、買った消費者が製品の所有権を持っていました。消費者は製品を使用し、ある程度使って使えなくなったら買い替えをし、それまでの製品は捨てていました。だから、作る側は常に捨てられることを前提に製品を作っており、ある意味、早く捨ててもらって、次々と新しい製品を買ってもらうことが、企業にとっての経済成長でした。

そのため、新たな機能を追加した製品を次から次へと発売するといった、従来の製品がすぐに陳腐化する「計画的陳腐化」をひたすら推し進めてきたのです。ところが、資源枯渇や環境問題に直面して、そうしたビジネスはいずれ立ち行かなくなることが明らかになってきました。

「1回限り」から持続的な関係に

②の「シェアリング・プラットフォーム」は、使い方に関して、これまで無駄にし

ていた部分をフル稼働させるビジネスモデルです。

たとえば、クルマは平均稼働率が4・2%ぐらいと言われています。つまり、1日24時間の約96%に当たる23時間は駐車場に置きっ放しになっているので、それであれば複数の人たちで1台をカーシェアして使えば、無駄を省くことができます。

私が最も関心を持っているのが、③の「サービスとしての製品」です。製品を売るのではなく、製品が持つ価値をサービスとして提供する。これは従来のリニア・エコノミーではなかなか思いつかないビジネスです。

詳しくは第1章で解説しますが、フランスのタイヤメーカー、ミシュランは実際に走った距離や運んだ重量に応じて課金するトラック向けタイヤのサービスを行っていますし、本書の冒頭で触れたように、スウェーデンの家電メーカー、エレクトロラックスは掃除機を販売するのではなく、掃除した面積に応じて課金するビジネスを進めています。

このビジネスモデルでは、IoT（モノのインターネット）などのデジタル技術が不可欠なのです。

ミシュランの場合は、課金する走行距離を把握するために、タイヤにインテリジェント・センサー（データ処理機能やメモリー機能を内蔵したセンサー）を付けています。そのおかげで、走行距離だけでなく、道路状況やスピードの出し方など、タイヤにまつわるさまざまなユーザーの走行データを収集することができています。

そうして集まったビッグデータがメーカーにとって大きな財産になります。次の商品開発に生かせるばかりか、運転の仕方を変えれば燃費向上につながるといったデータをユーザーに販売することができるのです。

特に、私がこのビジネスモデルで期待しているのは、企業とユーザーの関係性が変わる点です。製品を売るだけだと、もしかしたら1回限りの関係で終わるかもしれません。しかし、売るのではなくサービスとして提供することで、企業はユーザーと長期的で持続的な関係を築くことができます。これによってユーザーのニーズの吸い上げが行われ、新たなビジネスが生まれ、ビジネスそのものが多角的に広がっていく機会を手にすることができるわけです。

使い倒すことを前提にしたデザイン

シェアリングもサービスとしての製品も、いずれも製品の所有権はメーカーにあります。製品を100%回収でき、再利用することを前提にしたモノづくりの設計ができるようになったのです。

こうなると、これまでのような早く壊れて使えなくなる寿命の短いモノづくりはメーカーにとってうま味がなくなります。むしろ、なるべく長く使えて壊れない、そんな耐久性や長寿命化を製品の設計段階から考えていくほうがメリットがあります。

具体的には、分解しやすい構造にする「分解容易性」や、修理しやすい「修理容易性」、それに壊れた部分だけを取り換えればそのまま使えたり、一部部品を抜き出して新製品に組み込んだりできる「モジュール化」がベースになります。

デジタルによるビジネスの再構築を

これからの時代、原材料供給メーカーはただ原材料だけを作っていればいいわけではありません。製品を使い終わった後に回収し、再び原材料に戻すまでの仕組みをあらかじめ考えていかなければならないのです。

そうなると、リニア・エコノミーのときのように1社でビジネスを完結することはできなくなります。完成品メーカーや回収業者と連携し、調達、生産、物流、販売、回収とサプライチェーン上にある異なるセクター（業種）と合意の上で物事を動かす必要が出てきます。

かつてのように、生産に関わる動脈産業と、廃棄物を回収する静脈産業とを分けて捉えること自体がもうナンセンスと言えるでしょう。

こうした国や地域、それに業種を超えた複数の企業が連携していく上で欠かせないのがデジタル技術です。ＩｏＴやＡＩ（人工知能）がそうですし、そうした複数の企業との取引データを保存した台帳情報を共有するブロックチェーンの活用が必要になってきます。

デジタルによるビジネスの再構築と変革、いわば「デジタル・トランスフォーメーション（ＤＸ）」は、サーキュラー・エコノミーには切り離せないイネーブラー（実現を可能にする手段）なのです。

ＳＤＧｓの「方法論」であり、気候変動を緩和させる「手段」

そもそもサーキュラー・エコノミーはどこから広がっていったのでしょう。

起点となったのがＥＵ（欧州連合）です。２０１５年に欧州委員会が世界でいち早く「サーキュラー・エコノミー・アクション・プラン（循環経済に向けた行動計画）」を発表し、サーキュラー・エコノミーに移行することを政策化しました。枯渇する資源を前に、欧州全土を資源効率的な大陸に変えていくためには新経済システムへの移行が不可欠であるとしたわけです。

国連環境計画（ＵＮＥＰ）が設立した、資源管理分野の専門家グループ「国際資源パネル」が、２０１１年に公表した報告書があります。ここでは「デカップリング（DECOUPLING）」という概念が打ち出されました。

デカップリングとは「切り離し」という意味で、経済成長と資源使用、そして経済成長と環境負荷を切り離すことを指しています。すなわち資源の使用量を増やさず、かつ環境へ悪影響を与えることなく、経済成長と社会的な幸せを両立させようという概念です（図４）。

デカップリングでは環境負荷を切り離しますが、さらに環境を再生する方向にまで持っていかなければならないとしています。

また、２０１５年の国連サミットで、２０３０年までに解決を目指す17の目標などからなる「ＳＤＧｓ（持続可能な開発目標）」が掲げられました。同じ２０１５年には、

図4　2つのデカップリング

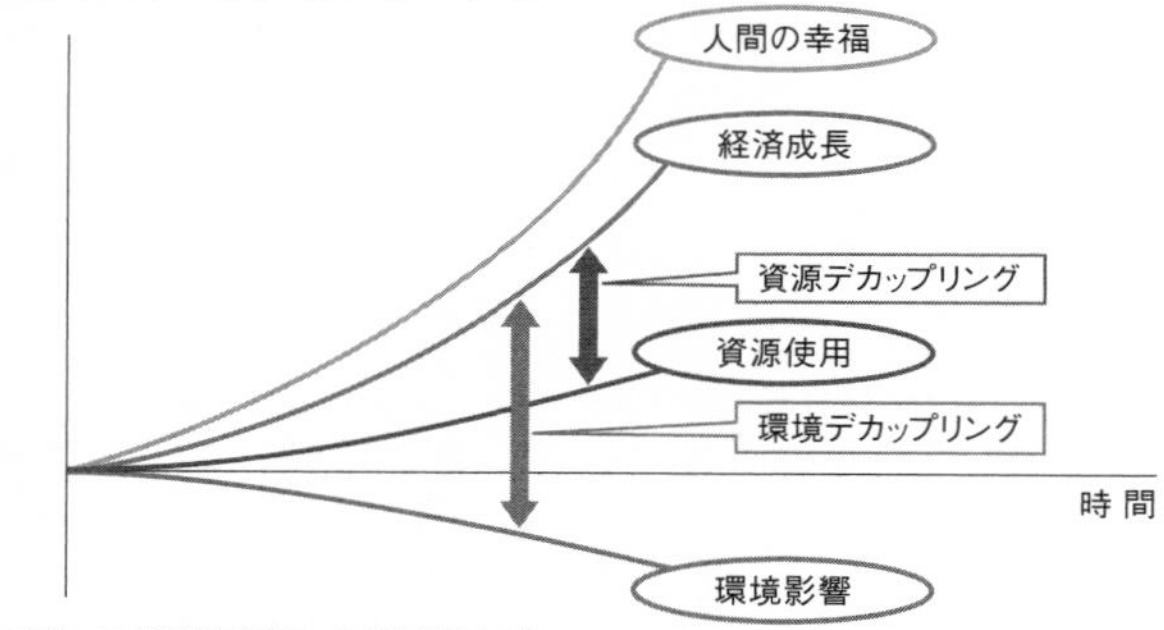

出典：国連環境計画／国際資源パネル
「経済成長からの資源使用と環境負荷の切り離し」

パリで開かれた国連気候変動枠組条約第21回締約国会議（COP21）で、「世界共通の長期目標として、産業革命前からの平均気温の上昇を2度より十分下方に保持。1・5度に抑える努力を追求」（環境省・概要）という、いわゆる「パリ協定」が採択されました。

　こうした国際的な枠組みで、持続可能な世界を実現するための明確なゴールが示され、ゴールにたどり着くための国際協調的な具体的「方法論」として、サーキュラー・エコノミーが注目されだしたのです。

　もう少し詳しく説明すると、温暖化を引き起こす温室効果ガスでメインとなるCO_2の排出を抑えるため、これまではエネルギーを、化石燃料から再生可能エネルギーに置き換えることばかりに注力されてきました。

ところが、資源を採掘し、原料に加工し、部品や製品を作る、この工程や製品を使う段階でも大量の温室効果ガスを排出しているのです。

エレン・マッカーサー財団では、化石燃料を燃やすことで排出する温室効果ガスは全体の55％にとどまるという試算を出しています。つまり、再生可能エネルギーにするだけでは温室効果ガスの排出はゼロにできないわけです。企業の経済活動によって生まれる残りの45％にも対策しなければならない。そこで、循環させることでCO_2の排出を抑えられるサーキュラー・エコノミーの仕組みに期待が集まったのです。

一方、今や環境活動家として強い発言力を持つグレタ・トゥーンベリさんの演説で話題となった2019年8月の国連気候行動サミット2019、次いで同年12月の国連気候変動枠組条約第25回締約国会議（COP25）で、国連環境計画から資源効率と気候変動の緩和はともに連動しているという旨のレポートが相次いで発表されました。

ここで、サーキュラー・エコノミーの経済システムを回していくことが、資源効率だけでなく、結果的には気候変動の緩和につながる。気候変動を緩和させる「手段」でもあることが、世界で一致する見解となったと私は思います。

移行を加速させたＥＳＧ投資

もうひとつ、企業を見る「ものさし」が変わってきたことも、移行を加速させています。

２００６年に国連が「責任投資原則」を発表し、機関投資家が投資する際に企業の「ＥＳＧ」を意識することが提唱されました。ＥＳＧとは、「環境（Environment）」「社会（Social）」「企業統治（Governance）」を指し、企業の環境貢献や社会課題への取り組み、そして公正・透明な経営や、積極的な情報開示が重要視されるようになったのです。

これによって企業は、ステークホルダー、いわゆる株主（投資家）や取引先、それに消費者や従業員などからＥＳＧの取り組みを求められるようになりました。ＥＳＧに取り組んでいないと安定した投資が得られません。企業は積極的に活動内容を開示し、ステークホルダーからの理解や評価を得ようとし始めたのです。

実際、ＥＳＧ関連の投資額は年々拡大しています。当初は株式投資がメインでしたが、最近では不動産投資にも波及し、今や世界の全投資の３割にＥＳＧが関連していると言われています。

こうなると、CO_2を排出し続けるような事業を展開する企業から、投資を引き上げようとする動きが出てきます。また、グローバルなサプライチェーンで取引先を決める際も、ESGでどのような取り組みをしているかが重要な判断基準となります。

たとえば、欧米では前出の「クレイドル・トゥ・クレイドル（C2C）認証」を取得した商品を、販売店が積極的に推薦するケースが増えており、メーカー側もC2Cコンセプトで作っているということを積極的に謳《うた》っています。

もはや企業を見るものさしは、業績の赤字や黒字だけではなく、ESGが重要なカギを握っています。資源枯渇につながり、環境にも負荷を与えるリニア・エコノミーでは投資を得られないし、商売相手にも選んでもらえない。そんな危機意識がサーキュラー・エコノミーへの移行をより推し進めていると言えます。

環境負荷軽減と経済成長を両立させる

「サステナブルな素材に替えるとコストが上がる」

「結局、環境や社会課題の解決を考えると、身を切る自己犠牲を覚悟しないといけない」

サステナビリティの話をすると、日本ではとかくそうしたネガティブな捉え方をする企業人が多いようですが、サーキュラー・エコノミーが環境問題・社会課題の解決と経済成長を両立させる経済システムであることを、私は強く主張しています。そもそも、従来のリニア・エコノミーが破綻し、持続不可能になっている今では、企業が成長していくための唯一の選択肢だと考えます。なぜ日本の企業は、10年〜30年の長期思考で企業運営を考えられないのでしょうか。

実際、サーキュラー・エコノミーは多様なビジネスチャンスを提示してくれます。循環できる製品を考えるために、ときには新たなイノベーションが必要となりますが、それが画期的な魅力あふれる製品となる場合もあります。

第2章で触れますが、アディダスが2021年に、接着剤も使用せずに単一素材だけで製造することに成功したランニングシューズ「フューチャークラフトループ(FUTURECRAFT.LOOP)」を発売する予定です。劣化して履けなくなっても、単一素材なので廃棄後にまたまるごと再生(リサイクル)できる再生可能シューズです。これは長年にわたる技術開発の末にたどり着いた、アディダスの企業メッセージでもあります。

こうした製品はこれからの中心的な買い手となるミレニアル世代（1981年～1996年生まれ）やその下のZ世代（1997年～2010年生まれ）の関心を集めています。

両世代とも従来の製品の価値基準だった機能や価格、品質より、モノづくりのストーリー性や、企業が環境問題や社会課題の解決に取り組む姿勢を重視する傾向があります。実際、アディダスの新製品は発売前にもかかわらず、ネットや雑誌などのメディアで話題を集めていることがそれを裏付けています。

また、前述のように、モノではなくサービスとして提供するビジネスでは、ユーザーと持続的な関係を築きやすくなり、今までつかめなかったユーザー動向をキャッチできます。それが新たな商品開発やサービスにも生かせるようになるのです。

総合コンサルティング会社のアクセンチュアでは、サーキュラー・エコノミーでビジネスチャンスが広がることで2030年までに世界で500兆円、2050年までに2700兆円のビジネス市場を生み出すとしています。

これに伴って新たな雇用の創出も期待されます。欧州委員会が2020年3月11日に発表した、EU全域でサーキュラー・エコノミーを加速させるための新計画「ニュー・

サーキュラー・エコノミー・アクション・プラン（New Circular Economy Action Plan）」では、2012年から18年までに400万人の雇用を生み出したというこれまでの実績を発表しています。

世界はサーキュラー・エコノミーの最前線に

こうした大きな経済価値が生まれることに気が付いた世界の国々は、チャンスを我が物にしようと我先に行動を起こしています。

特に動きが活発なのがEU諸国です。フィンランドは世界で初めてサーキュラー・エコノミーへの取り組みを明文化し、2025年までの行動計画を発表しました。オランダは2050年までにサーキュラー・エコノミーを100％実現する政策を打ち出し、その他、EU加盟各国が政策と戦略のロードマップを明確に出しています。

私が見るに、各国の狙いは新時代でのリーダーシップを取ることです。グローバルな規格づくりや貿易競争力を向上させるとともに、新興国マーケットの占有を狙っています。

EU以外では、カナダが国と民間企業、市民団体が手を結んで世界のリーダーシップを目指していますし、トランプ政権がパリ協定からの離脱を表明した米国も、州や都市、企業においては取り組みが一気に進んでいます。

アジアに目を向けると、中国、インドネシア、インド、台湾が国家戦略や経済・環境政策としてサーキュラー・エコノミーに取り組み始めており、途上国においては国連の専門機関である国連工業開発機関（ＵＮＩＤＯ）が工業や産業の支援の際、この考え方に基づいた支援計画を進める方針にしています。

取り残されようとしているのは日本だけなのです。

では、世界のサーキュラー・エコノミー先進企業はどんな取り組みをしているのか、具体的に見ていくことにしましょう。

第1章　製品に「サービス」という価値を付加する

――フィリップス／ミシュラン／エレクトロラックス／ダイキン工業

売るのは照明器具ではなく、「明るさ」

照明器具メーカーが、照明器具を売らずに「明るさ」を売る。オランダ・アムステルダムに本拠を構える電機メーカー、フィリップスが法人顧客に向けて始めたサービス「サービスとしての照明（Lighting as a Service）」は、そんなビジネスです。

米国ワシントンＤＣの駐車場を手掛けたときの話です。フィリップスはそこに設置された1万３０００カ所以上の照明を、すべて無料でＬＥＤライトに交換し、10年間にわたるメンテナンス契約を結びました。これは、電力消費量が少なくて済むＬＥＤライトに替え、削減できた電気料金の額に応じて報酬を得る仕組みです。

駐車場の管理サイドにしてみると、使用電力量がこれまでより少なくなるので日常的なコストが下がります。そして、電力のために排出していたCO_2も抑えられる。環境への負荷を軽減できると企業的にもイメージが良くなり、一挙両得です。また、新たに照明器具を一式購入するという初期コストが発生しないし、おまけに、照明が切れたときにいちいち取り換える手間も要らなくなりました。これはずいぶんとお得です。

このビジネスはここで終わりません。フィリップスは、交換したＬＥＤライトにインテリジェント・センサーを取り付けました。こうすることで、照明器具のメンテナンスに関するデータを把握するだけでなく、全照明の使用状況が逐次、データで拾えるようになったのです。

季節ごとに太陽の角度や日照時間が変わってきますし、取り付け場所ごとに照明を点《つ》ける必要のある時間帯も異なります。以前は決まった時間に一斉に点灯させていたものを、季節や時間ごとに個別に適切な照明へと切り替えることができるようになったのです。

このビジネスの根本にあるのは、フィリップスが照明を器具ではなく、サービスとして顧客に販売している、いわば「サービスとしての製品」の発想です。

いくら耐用年数の長いＬＥＤといっても、使用していけば劣化します。使用状況を随時監視することで、照明が切れる時期も同時にわかることになります。切れる直前に取り換え作業が行えるなど、最適なタイミングでのメンテナンスができるので製品を長く使い続けることができます。また、寿命が終わったＬＥＤ照明を回収して一部の部品を新たな製品の部材として使用できます。これはフィリップスにとってコスト削減につながるメリットです。

一方、データを読み解くと、照明以外の人やものの動きが見えてきました。

たとえば、このビジネスの仕組みを、駐車場ではなくオフィスビルで採用すると、フロアや部屋ごとの照明の使用状況が集まります。照明が使われたということは、そのフロアや部屋が使われたことを意味するので、その使用データを通して特定の会議室が１日どのくらい使われたか、どの時間帯にその部屋の使用が集中するのかがわかるようになります。各部屋の人の数も把握できます。

オフィスの有効活用はもちろん、分析次第で効率のよい働き方などを導くこともでき、クライアントに「働き方改革の参考にしてください」とデータを提供することもできます。

忘れてはいけないのは、フィリップスが照明器具を販売していないことです。照明器具の所有権を持ったまま、照明を使って顧客たちの動向をデータベース化し、それを他のビジネスに生かせます。また、このデータから使用状況に応じた製品寿命もわかってくるので、より耐久性のある、電力量が少なくて済む新たな照明器具の開発にも役立てられるのです。

フィリップスは、LED照明のサービスを現在は「シグニファイ（Signify）」という別会社にして世界70カ国以上のオフィスビルなどで展開しています。2019年には62億ユーロ（約7502億円）の売り上げを記録し、グループの大きな柱に成長しています。

タイヤから集められたデータがメシの種に

同じようなビジネスとして、グルメガイドで有名なフランスのタイヤメーカー、ミシュランの「ペイ・バイ・ザ・マイル（PAY BY THE MILE）」があります。こちらも同じ、製品のサービス化。すなわち、タイヤを販売するのではなく、タイヤを貸し出し、使用した顧客が走行距離に応じて料金を支払うというシステムです。

複数台のトラックを所有する運送会社にとっては、タイヤ購入の初期費用を抑えられますし、メンテナンスもミシュランが請け負ってくれるので、パンクをしたときに交換したり、走行距離に応じて点検したりする煩わしさからも解放されます。

ミシュランもフィリップスと同じく、デジタル技術を持ち込んでおり、タイヤに取り付けたインテリジェント・センサーから課金するための走行距離データを収集。同時に、燃料消費量やタイヤの空気圧、スピードの出し方、そのときの気温、さらには路面状況といったタイヤにまつわるさまざまな情報を入手しています。

これをもとに、タイヤ交換の最適なタイミングをつかむとともに、低燃費走行のアドバイスなどを運転手向けに行うといった付帯サービスも顧客に提供できます。

タイヤの所有権はミシュラン自社のものなので、当然、使用済みで回収した古タイヤの劣化状況から、耐久性のあるタイヤの開発を追求できるわけです。また、使用済みタイヤを原料に戻した再生タイヤも供給しており、しっかりとしたタイヤの循環が出来上がっています。

低価格ビジネスモデルは敗者しか生まない

ここで紹介したのは、序章で触れた「5つのビジネスモデル」のひとつ、「サービスとしての製品」の事例です。製品を作っては販売するというリニア・エコノミーの売り切り型ビジネスでは将来的な持続性が見込めないと考え､両社ともサーキュラー・エコノミーに移行したのです。

どちらのケースからも、製品販売の熾烈《しれつ》、かつ無駄な競争に対する悲鳴が聞こえてきます。

タイヤ業界は、日本のブリヂストン、ミシュラン、それにアメリカのグッドイヤーの3社で高いシェアを占める三強時代が長らく続いていました。ところが、近年中国の中策ゴムや韓国のハンコックタイヤといったメーカーが参入し、激しいパイの奪い合いを展開しています。

新規参入組は市場価格より安く販売して競争に勝とうとするし、既存組はそれに対抗するために製品の性能をさらに上げるか、価格を下げざるを得ない。いわば消耗戦が繰り広げられ、これは、時間とともにますます過激になるのが予想されます。

加えて原材料の価格が上がり、人件費も年々かさむなど、生産コストは上昇する一方です。このままでは企業として疲弊し、今後の成長を見込むのは厳しいばかりか、生き残れないと、ミシュランは新たなビジネスモデルに乗り出したわけです。

年々深刻化する物流業界の人材不足という課題もあります。タイヤ交換やメンテナンスといった保守・点検をミシュランが請け負うことで、運送会社は運転だけに専念できます。結果的には輸送効率が高められますし、保守・点検のノウハウがない経験の浅いドライバーも雇うことができる。ミシュランは業界の課題解決にも貢献できるのです。

照明サービスを手掛けるフィリップスのCEO、フランス・ファン・ホーテン氏は『サーキュラー・エコノミー――デジタル時代の成長戦略』(日本経済新聞出版社)でこう語っています。

「将来的な資源不足に加え、大量生産と低価格のビジネスモデルのままでは競争はますます激化し、最終的には敗者しか生まない」

フィリップスは2016年から2020年に向けて、サステナビリティを企業戦略の柱と位置付けるプログラムを実施しています。同社が企業戦略にサステナビリティを組み込んだのは、社会に利益をもたらし、経済成長の原動力になると確信したためでしょう。

ミシュランやフィリップスといったトップ企業が変わることは、大きな意味があると私は考えます。なぜなら、業界全体を動かすことにつながるからです。「あそこが変わるなら、うちも」と各々の業界でサーキュラー・エコノミーへの移行が進むことが期待でき、実際にタイヤ業界では日本のブリヂストンもリニア型の製造販売業から顧客の課題を解決するサービス販売へ大きく舵を切るなど、同様のサービスに乗り出しています。

「サービスとしての製品」のメリット

私がこの「サービスとしての製品」で高く評価したいのは、序章でも触れたように多くのメリットと可能性を引き出せるところです。

利用サイドにとっては、製品を購入するという巨額の先行投資がなくなり、メンテナンスにかけていた時間やコストも削減できます。限られた時間や時期しか使わず、わざわざ購入する必要がない製品、買い替えやアップ・グレードで常に最新モデルを求められるような製品を、このビジネスモデルによって適切に活用することができます。

一方、サービスを提供する企業にとっては、製品を所有することのメリットがあります。買い手に製品を買ってもらうために、買い替え時期ができるだけ小刻みになるよう仕向ける必要がなくなります。すぐに劣化したり、機能が劣ったりといった「計画的陳腐化」から脱却できるのは大きいでしょう。

製造工程でも、最初からリサイクルを想定した設計や素材を選び、製品自体もなるべく構造を簡単にして、分解しやすく修理しやすい製品を目指します。このようにすれば製品や原料を長く使い続けることができ、結果としてコストや資源の無駄づかいを抑えることができます。

企業にとって、「購入」から「利用」に変わる点もこのビジネスモデルの魅力です。一度限りで終わっていたユーザーとの関係が、持続的で緊密なものに変わることで、細かなユーザー動向を常に更新しながらつかむことができます。使い方や頻度に応じた製品の情報を詳細に知ることができ、顧客数や年数が重なることで貴重なビッグデータを手に入れられます。

ここから新たな商品開発を発想できるかもしれないし、予想もしていないイノベーションが生まれるかもしれません。何より、顧客たちのビジネスの進め方や日々の仕事の仕方、社員たちのライフスタイルといった、本業だけにとどまらない、時代性や社会トレンドまでがキャッチできるのは、企業にとってはとても有用なことではないかと思います。

掃除もサブスクリプション方式に

「サービスとしての製品」について、どこまでその領域が広がっていくかは気になるところです。これまではフィリップスやミシュランのように、法人向けの取り組みが中心でした。そうした中、ようやくスウェーデンの家電メーカー、エレクトロラックスが、「バキューム・アズ・ア・サービス（Vacuum-as-a-Service）」という、一般消費者を対象にした掃除機のビジネスに乗り出そうとしています。

これは、本書の冒頭でも紹介したように、従来のような掃除機を1台いくらで売るというやり方ではなく、利用者が掃除機で掃除した面積に応じて課金していくもので、２０１９年から本国スウェーデンで試験的に導入されています。

対象となる製品は「ピュア・アイ・ナイン（Pure i9）」というロボット掃除機で、掃除した面積1平方メートルあたり1スウェーデン・クローナ（約11円）を支払う課金制です。まったく使わないときでも毎月の基本料金として79スウェーデン・クローナ（約869円、メンテナンス料込み）を支払う必要、つまりサブスクリプション（定額・従量課金制）方式を採用しています。ユーザーは専用アプリを使い、外出先から掃除のスケジュールを設定したり、清掃した面積を確認することができます。

仮に、およそ50平方メートルの家に住む人が週に1回ペースでロボット掃除機を稼働させると、毎月支払う料金は約2200円となります。今、スウェーデン国内で同じロボット掃除機を買うと、4990スウェーデン・クローナ（約5万4890円）かかりますから、だいたい2年間は製品を購入するよりも出費を抑えられることになります。

エレクトロラックスにしてみれば、「5万円を超す掃除機はちょっと買えない」と躊躇《ちゅうちょ》する人でも、「月々2200円で済む」というサービスに反応する利用者を見込む算段です。掃除機1台を売る分の利益を回収するのに2年以上もかかってしまいますが、契約をその先もずっと継続してもらえるなら1台分以上の利益を得ることができるでしょう。

利用者がサブスクを終了すると掃除機は戻ってきます。エレクトロラックスは製品を検査し、壊れたり汚れていたりするところを交換・修理して、また別の利用者に貸し出します。1台分の生産コストで十分過ぎる元が取れるのです。

ただし、私はこの一般消費者向けのサービスとしての製品には、解決しなければならない課題があると見ています。なぜなら、掃除機に取り付けたセンサーが利用者の大量な個人情報を同時に収集していくことにもなるからです。特定の個人の識別性を低減したビッグデータを活用するとはいえ、当然、法に準拠した形で情報を正当に扱う必要があります。そうすれば魅力的なビジネスモデルとして広がっていくに違いありません。

タンザニアでダイキン工業が試みる事業とは

似たような消費者向けの試みとして私が関心を寄せているのが、日本の空調メーカーのダイキン工業がアフリカのタンザニアで実証実験を行っている、サブスクリプション方式によるエアコンのサービスです。すでに、2018年から事業者向けにサービスを開始していますが、それを消費者向けに広げようというものです。

人口約5700万人のタンザニアでエアコンの普及率はたった1%程度。しかも普及しているのは中国や韓国製の安価なエアコンで、電気代が高くかかるなど環境負荷が高いモデルでした。また、修理のインフラも整っていないので、壊れてもそのままの状態になっているケースが多かった。

そこでダイキンとしては、長年培ったインバータ技術を搭載した高効率で環境負荷が低い機器をタンザニアに導入しようと試みています。電気代にすると普及モデルの半分程度で済むとのことで、現地のインフラにも対応しやすいと考えたのです。

初期費用は本体価格の10分の1に当たる、取り付け工事代と保証料のみ。エアコンを使う際はスマホアプリを通して使用量を前払いし、送られてきたパスコードを入力するとその分だけエアコンが使える仕組みです。故障したときの修理にも対応していきます。

2019年の実証実験は、タンザニアを中心にLEDランタンのレンタルによる電力サービス事業を展開する東京大学の関連ベンチャー、WASSHA（ワッシャ）と連携して進めました。

WASSHAは農村部の未電化地域に電気を届けようと、2015年からタンザニアで取り組みを始めています。具体的には、日用品などを取り扱う「キオスク」と呼ばれる小型店舗に、ＬＥＤランタンと充電に使う太陽光発電パネル、そして専用の決済アプリをインストールしたスマホを無償で貸し出しています。

ランタンビジネスに参加するキオスクは、この５年間でタンザニア国内で約２０００店舗に上りました。そこで、この販売網を使ってエアコンのサブスク事業を展開しました。初期費用を抑えられるサブスク方式なので、低所得層でも利用することができる上、環境への負荷もかなり軽減できます。実証実験がうまくいけば、「サービスとしての製品」の一般消費者向けモデルをタンザニアで根付かせることができるかもしれないと期待しています。

製造業以外に目を向けると、脱物質化のサービスによるビジネスが台頭し、人気を集めています。たとえば音楽ストリーミング配信サービスの「スポティファイ(Spotify)」や映像ストリーミング配信の「ネットフリックス(Netflix)」のようなビジネスモデル。ＣＤやＤＶＤを製作するより資源を使わずに済むし、劣化もしないし、寿命もありません。当然のごとく、廃棄物も出さないサービスです。

「サービスとしての製品」の究極の理想形は、脱物質化が進み、サービスだけをやりとりする形なのではないか、そう考えています。

第2章　斬新な発想で、廃棄物の概念を変える
――ナイキ／アディダス

廃棄物から生まれた斬新なシューズ

次は、ナイキとアディダスというスポーツ界の二大巨頭ブランドについて触れます。両者ともサーキュラー・エコノミーの先進企業です。

米国オレゴン州ポートランド郊外に本社があるナイキは、2020年に大きなニュースを世界に発信しました。シューズブランド「スペースヒッピー（SPACE HIPPIE）」をお披露目したのです。

このシューズは素材選択から生産方法、それに包装材に至るすべてにおいて、環境に与える負荷を考慮。驚くべきことに、使用する素材の約9割に廃棄物を再生利用しています。ナイキサイドでは、「ナイキ史上、過去最低の炭素排出量で生産されたシュー

ズ」とアナウンスしています。すごい力の入れようです。

では、いったいどういうシューズなのか。ちなみに、「スペースヒッピー」というブランド名は、工場の床などに落ちている糸くずをナイキで「宇宙ゴミ」と呼んでいることに由来します。つまり、廃棄物を原料にしているのです。

同社のチーフデザインオフィサー、ジョン・ホーク氏はこう語っています。

「最小量の素材、最小量のエネルギーや炭素排出量をどうやったら最大限活用していけるかを考えた。その結果、生まれたのはまるで未来からもたらされたように見えるシューズだ」

どのくらいの廃棄物が使われ、環境への負荷がいかに軽減されているのかをナイキが発表している資料から見ていくことにしましょう。

まず、アッパー部分のニットは「宇宙ゴミ」の糸です。この宇宙ゴミの糸とは、全体の25％が店頭などで回収されたＴシャツから再生した繊維、25％が工場の床に落ちていた糸くずなどの廃棄物。残りの50％はペットボトルを再生したポリエステルということで、１００％再生素材です。

次にクッション部分。日本でもマラソンなどで記録が出ると話題になったあのピンク色の厚底ランニングシューズ（ヴェイパーフライ）の製造過程で出たスクラップをクッションに再加工しているのです。これによって、通常のシューズと比べると製造過程で排出するCO_2はおよそ半分になったそうです。

一方ソールは、廃棄されたシューズを粉砕して作った再生素材「ナイキ・グラインド（Nike Grind）」のラバーが15%混ぜられています。このように、新しい素材の使用を減らすことでCO_2の排出量を抑える努力をしています。

ちなみに、このナイキ・グラインドの粒は素材感や色がまちまちです。そのためシューズ一つひとつを見比べると、微妙に違っていてまさに一点物です。自分だけのデザインのシューズが手に入るわけで、このあたりは私のようなナイキファンにとっては嬉しい話です。

アッパーに使う宇宙ゴミの糸も実にカラフルですし、こうした廃棄物を消費者の目を惹《ひ》くカッコいいデザインにしてしまうところは、さすがナイキです。

ナイキのサステナブル・イノベーション担当副社長のシャナ・ハナ氏は、スペースヒッピーの発表に合わせ、「将来、プロダクトは循環するようになると信じている。そのためには、デザイン、利用、再利用の方法や、各工程で無駄を省く方法まで、すべてを考えていかなくてはならない」と決意を述べました。

経験値を製造工程に生かす

もともとナイキはサステナビリティへの意識が高く、スペースヒッピー以前からさまざまな取り組みを行っています。

たとえば、有名なところでは1990年代に「リユース・ア・シュー（Reuse-A-Shoe）」というプログラムをスタートさせています。これは、不要になったシューズをナイキの店舗で回収し、アッパーの布部分、インナーのフォーム部分、ソールのゴム部分の3つのパーツに分解。布は屋内バスケットコートやバレーボールコートのクッションパッドとして、フォームは屋外バスケットコートやテニスコートのクッションに、そしてゴムは競技用トラックなどに再利用。回収物を余すことなく使っています。

商品では、2008年以降の「エア」シリーズから力を入れるようになりました。ソールに製造廃棄物をリサイクルした素材を50％使用する他、製造時には太陽光などの100％再生可能エネルギーを採用しています。さらに、クッション部分には、エアシリーズのソールを製造した過程で廃棄された素材が90％以上使われているという具合です。

「フライニット」シリーズでは、従来製造工程で出していた廃棄物を60％削減する設計をあらかじめ施しました。2012年以降、6億本分以上のペットボトルを再利用した計算になり、かなりのプラスチック廃棄物の排出を抑えたことになります。また、再生レザー繊維を50％以上使う「フライレザー」シリーズは、裁断効率を向上させる工夫をし、廃棄物の量を減らす努力がなされています。

自社のミッションを明文化する

一方、こんなサービスも登場しています。

2019年に始めた「ナイキ・アドベンチャー・クラブ（NIKE ADVENTURE CLUB）」は、子ども向けシューズのサブスクリプション方式のサービスです。

子どもの成長とともに、靴を次々に買い替えなければならない。これは子どもがいる親なら共通して抱える悩みです。親にとっては負担だし、まだ履けるものを捨ててしまうのは環境的にも社会的にもよくないでしょう。そこで毎月定額を払うことで、価格に応じて靴を購入でき、履かなくなった靴はナイキに返送できる、親には助かるサービスが始まりました。

こうした一連の取り組みを受け、ナイキは2019年にある行動に出ました。「ムーブ・トゥー・ゼロ（MOVE TO ZERO）」という、企業としての自らのミッションを明文化したのです。

具体的には、5つの内容を策定しています。

1　2025年までに、所有・運営する施設を100％再生可能エネルギーで稼働する。

2　パリ協定に則《そく》し、2030年までに世界のサプライチェーン全体のCO_2排出量を30％削減する。

3　シューズ生産過程で生まれる廃棄物の99％を再利用する。

4　年間10億本以上の廃ペットボトルを再利用して、ジャージとフライニットのアッパーのための糸を作る。

5　リユース・ア・シュー やナイキ・グラインドのプログラムを通して、廃材から新製品、運動場、ランニングトラックやコートを作る。

炭素排出量と廃棄物を「ゼロ」にするというのがミッションの「ムーブ・トゥー・ゼロ」です。その上で、「地球環境を守ることはナイキの使命であり、この取り組みのゴールはない」と言い切っています。

ステークホルダーにビジョンを語る

なぜ私がこの行動に注目したのかというと、このミッションを実現させるために、「製品デザインにおける10の原則」をあわせて掲げたからです。

10の原則とは、「素材」「循環可能性」「廃棄の排除」「分解性」「化学物質の安全性」「修理性」「汎用性」「耐久性」「パッケージ」「ビジネスモデル」のこと。これは、世界でナイキ製品に携わるデザイナーやマーケティング担当が仕事をする際の「共通言語」と言うべきもので、この10原則に則ったモノづくりをしていけば、自動的にミッションが達成できるというわけです。

私は、サーキュラー・エコノミーへの移行というものは、既存のビジネスを大きく変革させるパラダイム・シフトだと考えます。資源枯渇にともなう原材料の高騰や、気候変動をはじめとした環境問題に対処していかなければ、この先は生き残れないという危機感。これを社員全員で認識する必要があります。また、変革を行動に移すためには物凄いパワーが必要ですし、モチベーションの維持や組織の結束力なども欠かせない条件でしょう。

したがって、まずは社員、そして投資家といったステークホルダーに向け、今後目指すべき明確なビジョンを指し示す。そして、それらを共有し、認識することが重要なのです。こうしてビジョンをしっかりと定めれば、従来の経済システムを転換するという高い壁を乗り越える際も、企業活動やブランド構築の方向性がブレないし、揺らぐこともなくなります。

ナイキのサステナビリティ戦略はその好例だと、私は思います。これから移行を考える企業や社員のみなさんは大いに参考にするといいでしょう。

ナイキは私たちに、こんなかっこいいメッセージを投げかけています。

「未来がサーキュラー・エコノミーへの移行を求めている」

日本での移行に努める私にとって、これほど励みになる言葉はありません。

100%再生可能なシューズの誕生

対するアディダスは、画期的なイノベーションを繰り出し、イノベーションそのものを企業の力強いメッセージとしています。

ドイツ・バイエルン州ヘルツォーゲンアウラハに本社があるアディダスが先進的なイノベーションによって解決しようとしている課題は、プラスチックの廃棄問題であり、シューズの廃棄問題です。

2021年発売を予定するランニングシューズ「フューチャークラフトループ(FUTURECRAFT.LOOP)」がそのひとつの答えとなるでしょう。このシューズ、一見するとデザインはシンプルで、売り場で並んでいてもあまり目立ちそうもありません。ところが、いろいろと秘密が隠されています。

「ループ・クリエーション・プロセス(LOOP CREATION PROCESS)という新技術を用いて、完全に再生可能なシューズを生み出した」とアディダスは発表しました。

世界で生産されるランニングシューズは毎年10億足を超えると言われます。ただ、履きつぶされた後はその多くが廃棄されています。普段からランニングシューズを履いている私としては、実に悲しい現実です。

なぜこうしたことになっているのか。それは、シューズには数多くの素材やパーツがあり、そうしたパーツを合成接着剤によって貼り合わせているからです。この接着剤をはがすのが実は難しく、これまでリサイクルが困難と言われていました。そもそも接着剤は有害とされ、接着工程で働くスタッフは身を守るためにマスクを着用するほどです。

アディダスは、こうした阻害要因を何とかしようと、アジア・欧州・北米のパートナー企業と協力。主要な素材の開発、製造、それにリサイクルの各局面において研究開発を10年にわたって行いました。その結果、１００％再利用可能な「熱可塑性《ねつかそせい》ポリウレタン」という単一素材で、すべてのパーツを作ることに成功したのです。

しかも、接着工程ではレーザーでパーツをつなぎ合わせているので、接着剤を一切使用していません。これなら履きつぶしてボロボロになったシューズでも、洗浄し、分解、粉砕、溶解の作業を行って熱可塑性ポリウレタンに戻せば、再び元のシューズに作り直すことができます。

そして、その工程では廃棄物はまったく出ることがありません。競技用トラックの地面やエコバッグといった、シューズではないモノにダウンサイクルをすることもないのです。まさに、サーキュラー・エコノミー型のシューズです。

２０１９年までアディダスのグローバルブランドの責任者だったエリック・リッキー氏は「ゴミという概念自体をなくしたい。我々の夢は同じシューズを何度も繰り返して履き続けること」と語っています。

２０２４年までにすべての製品に再生プラを

フューチャークラフトループの開発では、再生を目指した実証実験を段階的に行っています。こうした実験を一般に公開し、ユーザーやファンを巻き込みながら話題を盛り上げていくところが、アディダスの卓越したマーケティング手法でしょう。

２０１９年には、試作した「ＧＥＮ１（第1世代）」を世界主要都市の２００人のアスリートやアーティスト、活動家に履いてもらい、性能やデザイン性、返却方法などをモニタリングしました。

履いてもらったシューズは回収し、粉砕、溶解して素材に戻す。その再生素材を一部使用して、次は「ＧＥＮ２（第2世代）」を生産しました。今後は再生素材の比率を高めて、２０２１年の一般販売に向かっていく計画です。

まだ製品の発売をしていないのにもかかわらず、この「来るぞ、来るぞ」とファンを煽《あお》るアディダスの演出は功を奏しているようで、SNSなどでは期待を寄せる書き込みが多く見られ、すでに大きな盛り上がりを見せています。かく言う私も、発売を待ち望んでいるひとりです。

世界では年に3億トンにも及ぶプラスチック廃棄物が発生し、そのうち800万～1200万トンが海へ流出しています。それが海の生態系を脅かす海洋プラスチック廃棄物問題を引き起こしているのです。気候変動と並び、今や人類が解決しなければならない難題に、アディダスは真っ向から対峙《たいじ》し、自分たちのサステナビリティ戦略の重要な柱としています。

具体的な取り組みを挙げると、2015年にアディダスは海洋プラスチック廃棄物問題に取り組む非営利団体「パーレイ・フォー・ジ・オーシャンズ」と協力。海洋プラスチック廃棄物や違法な深海の刺し網を回収し、それをリサイクルした素材「パーレイ・オーシャン・プラスチック」を開発しました。そして、その素材で作った世界初のランニングシューズを発表しています。

浜辺や離島、それに沿岸地域におけるプラスチック廃棄物の回収をアディダスは続けており、2019年までにリサイクル素材で生産したシューズは1100万足に及んでいます。

　アディダスは2024年までに、すべての製品に100%再生されたポリエステルを採用することを公約しました。さらに、2030年までにすべての製品は「再生したモノ」「再生可能なモノ」「生分解性のモノ」「天然素材のモノ」の、いずれかに当てはまるモノづくりにすると公言しています。フューチャークラフトループのイノベーションはその重要な一歩と言えるわけです。

　ナイキにしても、アディダスにしても、世界の人々が楽しく安全にスポーツができる環境がないと、彼らの製品は売れません。このまま気候変動やプラスチック廃棄物問題を野放しにしていたら、そういった場所がなくなって、自分たちのビジネスモデルが成り立たなくなる。だからこそ、いち早くサーキュラー・エコノミーへの移行を進め、そのスピードをどんどん加速させているのです。

　そして、彼らのこうした先進的な取り組みに賛同したファンがさらに増えていくという図式です。プラスの循環がしっかり出来上がっているのを感じています。

第３章　ゼロカーボンで覇権を争う米国の巨人たち

――グーグル／アップル／マイクロソフト／アマゾン／フェイスブック

「ＧＡＦＡＭ」とサーキュラー・エコノミー

ＳＮＳやネットで調べものをしたり、音楽や映画を鑑賞したり、ネット通販もますます需要が増えています。特に今はウィズコロナの生活を送るみなさんにとって、仕事でも暮らしでも、そしてスポーツや遊びでも、ＰＣやスマートフォンなしにはやっていけない時代が訪れています。

非常時には命を救う道具となり、ひとつでも使えなくなると日常生活に大きな支障が出る。現代人が生きていくためになくてはならない、重要な社会インフラです。

これらのインフラを支えるのが、企業名の頭文字を取って「ＧＡＦＡＭ（ガーファム／Ｇ＝グーグル、Ａ＝アップル、Ｆ＝フェイスブック、Ａ＝アマゾン、Ｍ＝マイクロソフト）」と呼ばれる米国の巨大企業たちです。いずれも西海岸に本社を構えながら、業界や業種を飛び越えたプラットフォーム・ビジネスをグローバルに展開しています。

彼らはサーキュラー・エコノミーへの移行にもいち早く動き出し、先行する欧州企業を上回る勢いを見せています。

すべての企業活動を再エネで賄うグーグル

中でもグーグルは、サーキュラー・エコノミーの申し子とまで言われ、企業としての意思決定の速さに加え、実行力も群を抜いています。

ＧＡＦＡＭのような企業にとって、データを管理するデータセンターの電力消費は莫大《ばくだい》な量となります。米国の研究チームによると、２０１０年に世界中にある全データセンターで消費された電力量は、世界全体の電力消費量の１％に相当したそうです。

２０１８年までにデータセンターの計算能力は6倍、データを保管するストレージ容量は25倍に拡大していますので、世界の電力消費の２％程度にまで増えていることが予想されます。

グーグルはこのデータセンターの電力消費問題に大胆にメスを入れました。2012年に、データセンターやオフィスなど、企業活動に必要なエネルギーをすべて太陽光や風力、水力といった再生可能エネルギーで賄うと宣言し、5年後の2017年には見事達成したのです。

2019年には、2年連続で世界中のグーグルの拠点で消費される電力消費量の100％を再生可能エネルギーで対応したと発表しています。

この動きは止まることなく、グーグルは2018年から製品の環境報告書の発行を始め、製品の配送過程で生じるCO_2の排出量の削減に努めていましたが、CO_2の排出を実質的にゼロにする、いわゆる「カーボン・ニュートラル（Carbon neutral）」の取り組みにさらに踏み出しました。

2019年には「サーキュラー・グーグル（A Circular Google）」というイニシアチブ（戦略）も公開し、これによりサーキュラー・エコノミーへの移行をより加速していく決意を明らかにしました。

具体的には、世界14カ所のデータセンターで、古いハードドライブから新しいタイプに部品などを再使用する技術的な研究を進めています。また、これまで地中に埋めていた廃棄物を再利用する方策も検討中。オフィスでは、日々発生している廃棄物の量を削減し、建物には環境に配慮した建築素材の利用を進めています。くわえて、オフィスで使われる、使い捨て容器の利用を半分にする計画も策定しています。

さらにデバイスなどの製品に関しては、リサイクル素材を優先的に利用し、2022年までにすべての電子機器製品を100%リサイクル素材で製造することを目指しています。

また、世界に1000社以上あるサプライヤーとのパートナーシップを強化し、サーキュラー・エコノミーへの移行を呼びかけています。各サプライヤーの周辺関係各社にも参画するよう働きかけ、「社会全体のサーキュラー・エコノミーへの移行を後押ししていく」と力強いコメントを発表しています。自分たちも変わるから、みんなも変わろうという宣言ともとれます。

製品を回収し、それを新製品に使うアップル

「地球から何も取らずに製品を作る」

こう宣言したのは、グーグルに負けず劣らず、サーキュラー・エコノミーへの移行を急ピッチで進めるアップルです。

世界に向けて発信したこのメッセージでは、再生可能、もしくはリサイクルされた素材だけを使うことで、地球の資源を採掘せずに製品を作ることを目標に掲げました。

これは、モノを作るメーカーとしてはなかなかできない「決断」だと私は思います。というのも、アップルは大量生産と大量販売を続けてきたからです。実際、英国の調査会社オムディアが発表した2019年に世界で出荷されたスマートフォンの台数を見ると、iPhone XRが首位に輝いたのをはじめ、ベスト10に5つのiPhoneシリーズがランクインしました。その総台数はなんと1億3410万台に及びます。

そんな大規模なビジネスで、「地球から何も取らずに製品を作る」とは半ば信じがたい宣言ですが、それをアップルは現実的な話にしようとしているから驚きです。

たとえば、MacBook AirやMac miniの新しいモデルのボディは100%再生アルミニウム製です。通常、再生アルミニウムはリサイクルを繰り返すうちに不純物が蓄積し劣化すると言われています。そこでアップルは、素材本来の優れた特性を損なわずに何度もリサイクルできる新たな「アロイ（アルミ合金）」素材を独自に開発しました。

ドル箱のiPhoneに関しても、メイン基板のはんだ付けに、新たに採掘された錫《すず》とまったく同様に機能する100%再生錫を使用しています。これによって、「2019年は約2万9000トンの錫鉱石を新たに採掘することなく済んだ」とアップルは発表しています。

この他にも、iPhone XS、XS Max、XRシリーズでは40以上の部品に再生プラスチックが含まれており、製品のパッケージに使われている木材繊維も、再生資源もしくは責任ある方法で管理された森林から調達しました。

省力化、回収などデバイスの根本的な見直しも

資源の再利用と並行して、力を入れているのがエネルギーの省力化です。

最新のアップル製品は平均エネルギー消費量が、2008年当時の製品に比べて70%低減するなど、エネルギー効率が向上しています。iMac Proのスリープモード及び電源オフ時のエネルギー消費量も40%低減し、最新のMacBook Airではスリープモードの消費電力は第1世代に比べると3分の1になりました。

製品の回収では、「アップル・トレイド・イン（Apple Trade In）」という下取りの仕組みが有名です。使い終えたデバイスをアップルストアに持ち込むと、ユーザーは新しい製品を割引価格で購入できます。下取りの条件を満たさない場合でも、アップルが無料で引き取ってリサイクルを行っています。

回収したデバイスはどうなるかというと、すべてのデータを消去後、状態が良好な場合は新しいユーザーのもとで再利用されています。その割合は3分の2以上とのことでかなりの数に上ります。

一方、再利用が不可能とされたデバイスは、アップルが開発した分解ロボット「デイジー（Daisy）」によって分解されます。各部品をよりいい状態で回収するために、作業はマイナス80度の冷気を吹きかけた中、バッテリーの取り外しやネジ、各種の部品の取り除きが行われています。これによって、タングステンやアルミ合金など、従来のリサイクル業者では難しかった素材を効率的に回収することができるようになりました。

ちなみに、デイジーは15種類のiPhoneモデルに対応し、1時間あたり200台、年間にすると100万台のiPhoneを分解する能力があるそうです。

スマホやハイテク製品には、レアアースをはじめとした多くの希少物質や安定供給の難しい素材が含まれているので、こうした回収努力は採掘業者への依存を減らすなど企業にとっては大きな意味を持つことでしょう。

そして、回収された素材は再びアップル製品に使用されています。iPhoneから回収されたアルミニウムはMacBook Airの100％再生アルミニウム製のボディに使い、使用済みiPhoneのバッテリーから回収されたコバルトは新しいiPhoneのバッテリーの製造に使うといった具合です。

まさに、素材開発から製品の組み立て、販売、そして回収・リサイクルまで、モノづくりを閉じた循環ループで行い、「地球から何も取らずに製品を作る」という宣言を有言実行しているのです。欧米の有力企業はとかく、未来に向けた指数関数的な成長のために、実現不可能と思える「野心的な変革目標」を掲げることが多い傾向にあります。ですが結果的に、そうした野心的な目標があるからこそ、数々のイノベーションが生み出されるのです。

サプライヤーを巻き込んだ再エネ利用プロジェクト

アップルもまた、グーグルと同様に、化石燃料から太陽光などの再生可能エネルギーへの切り替えを着実に進めています。

２０１４年以降、アップルのすべてのデータセンターは１００％再生可能エネルギーで電力を賄っていますし、米国カリフォルニア州クパチーノにあるアップル本社や新しい直営店の屋根には太陽光パネルを設置しました。そして、２０１８年までに世界43カ国にある直営店、オフィス、データセンターのすべてを、１００％再生可能エネルギーで稼働させる目標を達成しました。

原材料の調達から生産、廃棄、回収までに排出する温室効果ガスの量をCO_2に換算した「カーボン・フットプリント」。アップルでは製品のカーボン・フットプリントを割り出したところ、その74％を製品の製造工程が占めていました。ここはアップル1社だけでは解決できない。世界に広がるサプライヤー企業の協力が不可欠です。

そこで始動したのが「サプライヤー・クリーン・エネルギー・プログラム（Supplier Clean Energy Program）」です。サプライヤー各社にエネルギー効率の向上と、再生可能エネルギーを用いた電力源への転換を呼びかけたのです。

その結果、2018年までに3年連続でカーボン・フットプリントを減少させ、2015年当時の排出量の35%に達する削減に成功しました。サプライヤーが再生可能エネルギーの調達先を世界中から見つけられるよう支援し、またこれらの技術に対する投資や調達のプロジェクトも進めています。

現在では全世界のアップル施設で使用する電力のほとんどを、自らが関わる再エネプロジェクトで調達しているほどです。

こうして2011年から2019年までに、アップルが会社全体で使うエネルギーの使用量は3倍以上に増加したにもかかわらず、事業によって排出するCO_2の量は逆に64%削減しています。

アップルの環境・政策・社会イニシアティブ担当のリサ・ジャクソン副社長は、「気候変動問題に対するアップルの取り組みにサプライヤーが賛同・参加し、アップルが順守する環境基準を最優先課題にしてもらうことで、世界中で再生可能エネルギーの転換を促進していきたい」と、アップルだけでない、社会全体のうねりにしていく意向を語っています。

このジャクソン副社長は、オバマ政権時代に米国環境保護庁の長官を務めていた人物。アップルのサステナビリティ戦略をぐいぐい引っ張る辣腕《らつわん》ぶりも頷けます。

スティーブ・ジョブズ時代、環境への取り組みが熱心でなかったアップルは環境NGOからの攻撃の的となっていました。現CEOのティム・クック氏に代わってから、方向を大きく転換させ、その舵取り役として彼女を招聘《しょうへい》したと聞きます。

マイクロソフトはCO_2排出量をマイナスに持ち込む

グーグルやアップルに比べ、再生可能エネルギー化の取り組みなどでは後塵を拝してきたマイクロソフトは、前出2社に負けじと、より踏み込んだ対策に乗り出しています。CO_2の排出量をゼロにするカーボン・ニュートラルだけではもはや満足できないと掲げた「カーボン・ネガティブ（Carbon negative）」です。

これはCO_2を出さないどころか、逆に回収して実質マイナスにしていこうという同社の野心的な目標で、CO_2を回収し、地中や海底などに隔離し閉じ込める貯留技術や、植林によるCO_2削減活動に投資するカーボン・オフセットを積極的に行い、その上で「創業以来の負の蓄積を解消する」と宣言しました。

2020年1月に発表されたこの計画では、2025年までにデータセンターや社屋で使う電力を100%再生可能エネルギーに切り替えることで、自社による直接的なCO_2の排出量とエネルギー消費に関連した排出量をほぼゼロに、そして、2030年までに約1200万トンと換算される、サプライチェーンでの排出量を半分以下に削減していく予定です。

同社は、CO_2の削減や回収、除去技術のグローバルな開発を支援するために、10億ドル（約1070億円）規模の気候イノベーションファンドを設立。双方の取り組みで排出量がマイナスに転じる、カーボン・ネガティブを目指すというものです。

2050年までに、1975年の創業以来、直接、あるいは電力消費などで間接的に排出してきたのと同量のCO_2を回収。自社が排出してきたCO_2の環境への影響を完全に排除する狙いです。

「世界がCO_2排出量の総量ゼロを目指さなければならない中、より迅速かつ徹底的に動くことができる者はそうすべき。これが野心的目標と新たな計画を発表した理由」。

マイクロソフト社長のブラッド・スミス氏はこう語っています。

配送時のCO_2ゼロに乗り出すアマゾン

グーグル、アップル、そしてマイクロソフトが激しいつばぜり合いをする中、残りの2社はどういった対応をしているのか。アマゾンでは、2019年に「シップメント・ゼロ（Shipment Zero）」という計画を発表し、2030年までに商品配送で排出しているCO_2を半減させると明言しています。

アマゾンのネット通販で注文した製品は、メーカーからアマゾンの流通倉庫に運ばれ、そこから宅配業者に渡されて自宅まで運ばれます。その間、トラックやワゴンがCO_2を排出して環境に負荷を与えていることは明らかでした。

国土交通省が発表した試算によると、2018年度の日本全体のCO_2排出量11億3800万トンのうち、運輸部門からの排出量は2億1000万トンと全体の18・5%を占めます。しかも、このうち貨物自動車が36・6%を占め、日本全体の6・8%のCO_2を貨物自動車が排出している計算です。アマゾンがこのCO_2の削減に乗り出すとなると大きな効果が期待できるでしょう。

アマゾンでは配送での電気自動車の活用や、バイオジェット燃料を用いた航空輸送を計画。その他、再生可能な梱包《こんぽう》・包装、再生可能エネルギーの活用などを具体的な施策としました。2030年までに使用する電力を100%再生可能エネルギーに切り替える約束もし、パリ協定の目標を10年早めて2040年までにゼロカーボンを目指しているとのことです。

さて、残るフェイスブックは、主なビジネスがデジタルビジネスなので、他社ほど目立った取り組みは打ち出していません。ただ、世界の潮流に乗り遅れてはいけないと、ホームページではしっかりとサーキュラー・エコノミーへの対応を明記しています。具体的には、2020年までにデータセンターやオフィスなどで使うエネルギーを100%再生可能エネルギーに切り替える他、温室効果ガスを2017年比にして75%削減する目標を設定しています。

いずれにしても、GAFAMは各社とも競うようにサーキュラー・エコノミーへの移行を急いでいるのは間違いありません。

重厚長大系のエネルギー集約産業に比べると、身軽だし、企業のフットワークも軽く、移行がしやすい面はあるでしょう。が、それ以上にグローバルにビジネスを展開していく上で、環境への配慮なくしては成長できないこと、そして、一歩でも出遅れれば、新しい経済システムでの覇権を握れないことを経営陣が十分に認識しているのです。

また、序章でも触れましたが、世界の企業を見るものさしはESG（環境・社会・企業統治）になっています。ESGの視点で企業を査定し、投資を決定する投資家たちの存在も彼らが移行を急ぐ理由です。

もうひとつ、世界ビジネスのトップランナーとしての使命感があるのだと思います。自分たちの強い影響力を行使するとともに、世界に広がるサプライチェーンを巻き込んでいけば、気候変動などの課題解決に向けて世界を動かせる、いや動かしていかなければならないと彼らは考えているのでしょう。

第4章　プラスチック、「責任ある消費方法」を模索する

――テラサイクル／ユニリーバ

プラスチックが引き起こす深刻な環境汚染

気候変動とともに、私たちが早急に取り組まなければならない課題が、プラスチックの環境汚染問題です。

プラスチックは加工がしやすく、丈夫で安価なため、多くの製品に使われています。1950年以降、世界で生産されたプラスチックは累計で83億トンを超すなど、途轍《とてつ》もない量に及んでいます。63億トンがゴミとして廃棄され、そのうちリサイクルされているのはわずか9％。79％は埋め立てされるか、川や海などに流出しているのです。

国連環境計画（UNEP）の報告書「シングルユースプラスチック：持続可能性へ

のロードマップ」による利用内訳では、容器・包装に使われるプラスチックが最も多く、全体の36％を占めます。つまり、ペットボトルなどをはじめとしたプラスチック容器の使い捨てにどう取り組んでいくかが、今、私たちに課せられた重要な問題なのです。

そうした中、2019年1月、スイスで開かれた世界経済フォーラム年次総会（ダボス会議）で、この使い捨てプラスチック問題に一石を投じる、サーキュラー・エコノミーを象徴するビジネスモデルが発表されました。

米国ニュージャージー州トレントンに本社がある、廃棄物問題に挑むスタートアップ企業テラサイクルの「Loop（ループ）」です。

Loopは、従来使い捨てにされていた化粧品や洗剤、食料品などの容器を、一般消費財メーカーと組んで繰り返し使用できる耐久性の高いタイプに変える取り組みを行っています。使用後は消費者の自宅から容器を回収し、洗浄して中身を補充、再び使用するというビジネスモデルです。

日本でも、昭和の頃までは各家庭で当たり前の光景だった牛乳配達。毎朝、ガラス瓶に入った牛乳が家まで配達され、使用後に牛乳箱に入れておけば回収され、再利用される。あのスタイルを今の時代に即した形で復活させたと言えます。

序章で取り上げた、サーキュラー・エコノミーの循環を示す「バタフライ・ダイアグラム」で言えば、技術的サイクルの一番内側の循環ループに当たります。修理や加工など、新たに手を加える必要がなく、一切廃棄物を出さずに容器を再利用していくモデルです。

ストレスフリーが第一原則

テラサイクルでは、この取り組みを「世界初となる循環型のショッピング・プラットフォーム」と説明しています。

サービスの流れは以下のようになります。

1　購入：ユーザーがLoopの専用サイトから商品を注文する。
2　受け取り：耐久性のある再使用可能なガラスや合金、加工プラスチックなどの素材を用いて設計されたLoop専用容器に入った製品が、同じく専用の配達用バッグに入って自宅に届く。ここの時点で、従来使い捨てされていたダンボールなどの配送梱包材はない。

3　使用：ユーザーが容器に入った製品を使用する。

4　返却：使い切った容器は、そのまま配達バッグに入れておけば、配送業者が訪問し、回収する。容器を洗浄したり、分別してゴミとして捨てたりする手間は不要。

5　洗浄：各製品に合わせてLoopが開発した洗浄方法で洗浄し、再使用を可能にする。

6　補充・再配送：返却し洗浄された容器はメーカーによって速やかに補充され、再びユーザーの元に配送される（かみそり、ブラシパーツ、後述する紙おむつなど、リユース可能な使用済み製品はリユースまたはリサイクルされる）。

ユーザーは最初に容器の預かり金を支払う必要がありますが、解約すれば戻ってくるデポジット制です。Loopを利用すれば、自宅のゴミが減り、ゴミ出しの面倒もなくなります。そして、わざわざ店に買いに行く時間も節約でき、消費行動の便利さが大幅に向上します。

安くて軽くて便利だったペットボトルなどの使い捨てを止めさせるのに、「使い捨ては環境に悪い」と倫理感を振りかざして、「だから我慢しなさい」と暮らしづらくなることを強いるのでは、なかなか広がっていかないでしょう。

以前と変わらない、ないしは以前以上にストレスがなくなる暮らし方を提案する。そうしたレベルまでユーザーを満足させないと、新しいサービスというものは浸透していかないことを、テラサイクルはよく理解しています。

責任ある消費方法を促すために

なるべくコストを抑えて容器を作ってきた一般消費財メーカーにとって、Loopのようなシステムへの移行は簡単なものではないでしょう。しかし発想を変えるチャンスでもあるのです。求められるのは、コストが上がっても耐久性があって長く使っていける容器。Loopでは100回以上再利用できることを基準にしています。

消費者も環境問題への意識が高くなり、ライフスタイルへのこだわりや、商品を見る目が厳しくなっています。容器に使う素材や施すデザインにも相応のクオリティが求められますが、全体としての印象を製品や企業のブランディングにもつなげられる。

長期的に見ればコストが削減でき、コストパフォーマンスはむしろよくなる仕組みです。

また、容器がプラットフォームとなって、これまで以上にさまざまな業種を結びつけることとなります。消費財メーカーだけでなく、容器を作るメーカーや配達する物流会社、さらには容器を洗浄する会社や製品を管理する倉庫会社などが、テラサイクルの用意するプラットフォームでつながり、ともにLoopのビジネスで収益を上げる構造です。

このように、サーキュラー・エコノミーは1社だけで完結することはできません。業界やある種のセクターを超えて企業が参画することで、新たなビジネスチャンスを得ることができるのです。

テラサイクルの創業者でCEOのトム・ザッキー氏は、発表に際してこう述べました。

「世界が直面するゴミ問題に解決策を見出《みいだ》し、カスタマー・エクスペリエンス（顧客体験）を向上させるために、グローバル企業、小売業、運送・流通業者、そして世界経済フォーラムが結束し、革新的なサステナブル・コンサンプション（責任ある消費方法）を生み出しました」

「捨てるという概念を捨てよう」

トム・ザッキー氏は、プリンストン大学在学中に生ゴミをミミズに処理させると良質な天然堆肥ができることを知りました。それをビジネスにしようと、大学を辞めて2001年にテラサイクルを設立しましたが、肥料を販売するための容器を作る費用がありませんでした。そこで使い終わったペットボトルを集め、洗浄して、その中に詰めて販売したことをきっかけに、廃棄物のリサイクルビジネスを手掛けるようになったのです。

テラサイクルの取り組みの特徴は、通常ならリサイクルされないモノをリサイクル企業と共同で研究し、アップサイクルしていくところです。

たとえば、ジュースなどのパックはアルミ箔とプラスチックフィルムで構成されているケースが多く、リサイクルが難しいため、これまでは埋め立てていました。しかし、テラサイクルは素材ごとに分けてリサイクルし、再びアルミやプラスチックの原料としてメーカーに販売したのです。

タバコの吸い殻という、通常ではリサイクルしようとは思わないモノまでリサイクルしています。資料によると、吸い殻から葉の部分を分離させ、殺菌消毒。その後フィルター部分は他のリサイクル原料と一緒に混ぜて高温の炉で溶解し、再生プラスチックの原料になるペレットに生成します。葉の部分は堆肥に、巻紙部分は再生紙の原料として再利用するなど、余すことなくリサイクルしています。

日本でもこの吸い殻回収・リサイクル運動が2014年にスタートし、3年間で約1億6000万本の吸い殻で約3トンのプラスチックを再生したそうです。

この他、使用済み紙おむつなど、同じく従来は廃棄され埋め立て地か焼却施設にたどり着くしかなかった廃棄物を回収。再資源化した上で、パートナー企業の製品に再利用する取り組みを世界21カ国で進めています。

「捨てるという概念を捨てよう」が彼らのミッションであり、その一環でLoopが誕生したのです。

現在、Loopのプラットフォームには P&G、ネスレ、ユニリーバ、ペプシコといった世界を代表する消費財メーカーが参画しており、各社が共通して抱える使い捨てプラスチック問題の解決策として期待を集めています。

2019年5月からパリやニューヨークなどの都市でのパイロットプログラムがスタートし、2020年にかけて英国やドイツ、カナダがそれに続く予定です。日本でも2020年の秋から、東京での開始を計画していますが、新型コロナウイルスの影響で今後の展開は不透明なところはあります（2020年6月現在）。

プラスチックが廃棄物にならない未来へ

使い捨てプラスチックに対する取り組みを急ぐ消費財メーカーから、1社を紹介しましょう。英国ロンドンとオランダ・ロッテルダムに本社を構える、食品・日用品のユニリーバでは2019年10月に「プラスチックが廃棄物にならない未来へ」という目標の下、2025年までに達成する3つの項目を掲げました。

プラスチック容器を100％再利用可能・リサイクル可能・堆肥化可能にする。
非再生プラスチックの使用量を半減する。
販売する量よりも多くのプラスチック容器の回収・再生を支援する。

ユニリーバでは、くわえて世界規模の消費財メーカーとしては初めて、プラスチックの使用量を絶対量で10万トン以上削減すると約束しました。

ユニリーバは達成するために、製品開発の段階から「LBN-P」というアプローチを取り入れています。「LBN」とは、「LESS」「BETTER」「NO」を指し、それぞれ次のような意味があります。

「LESS PLASTIC」とは、パッケージに使用するプラスチックの量を減らすこと。パッケージの軽量化や個包装の削減の他、詰め替え用製品・濃縮コンパクト型製品など、省資源や廃棄物の削減につながる製品の発売を進めること。

「BETTER PLASTIC」では、より環境負荷が少なく、循環利用しやすい素材をパッケージに採用。「ラックス」「ダヴ」「クリア」の2019年秋冬製品からはパッケージに再生プラスチックを使用し、「ラックス ヘアサプリ」に関してはボトル本体にペットボトルから作られた再生プラスチックを約90～95％使いました。

また、2020年までに、技術的に切り替えが難しいとされる着色剤などの添加剤を除いて、ペットボトルを100％再生プラスチックに切り替えることで、年間およそ5200万本分のペットボトルが「ラックス」や「ダヴ」のボトルとして生まれ変わるとしています。これで、年間1200トンのCO_2を削減することになるそうです。

「NO PLASTIC」は、いわゆる「脱プラ」、プラスチックの使用を止めること。紙やガラス、金属などの代替素材への切り替えを進めるとともに、前出したLoopとの取り組みを世界で広げていくことを目指しています。

2020年の新型コロナウイルスによるパンデミックを経験したユニリーバは、計画のギアをさらに上げています。6月の発表によると、2039年までにユニリーバ製品から生まれる温室効果ガスの排出量を実質ゼロとし、2023年までに森林破壊を行わないサプライチェーンを実現。2030年までに水問題を抱える地域のうち100地点に水管理プログラムを導入する取り組みを掲げました。

ユニリーバCEOのアラン・ジョープ氏は私たちにこう語りかけます。

「世界中がパンデミックによる甚大な影響に対策を講じる間も、気候危機は私たち全員にとって脅威であり続けることを忘れてはならない」

海洋プラスチック廃棄物の現状

先述のように、国連環境計画の報告では、毎年、川や海に800万から1200万トンのプラスチック廃棄物が流出していると試算されています。これらは主にポイ捨てや廃棄物処理施設へ輸送される過程で出てしまった使用済みプラスチックです。海に流れた海洋プラスチック廃棄物は自然分解されることがなく、紫外線や波の影響で破砕し、5ミリ以下のマイクロプラスチックに変わります。この有害物質をエサと間違って海の生物が食べることで、海の生態系に深刻な影響を及ぼしているのです。食物連鎖を考えると、魚の体内に蓄積したマイクロプラスチックはその魚を食べた鳥や人間の体内にも入り、脂肪などに溶け込むことが予想されるわけで、ぞっとする話です。

世界でサーキュラー・エコノミーへの移行を推進するエレン・マッカーサー財団は、国連環境計画と協力して、深刻さが増している海洋プラスチック問題に対応するため、2018年に「ニュー・プラスチック・エコノミー・グローバル・コミットメント（New Plastics Economy Global Commitment）」というイニシアチブを発足させました。

イニシアチブでは、署名した企業は以下の4つの目標に対し、2025年までの明確な目標設定と行動を示すことを求めています。

1　問題のある、また不必要なプラスチック包装・容器を取り除く。

2　使い捨てから再利用モデルへ移行する。

3　プラスチック包装・容器を１００％安全で容易に再利用、リサイクル、堆肥化可能なものに転換する。

4　すべてのプラスチック容器について、消費者利用後のリサイクル率に関する野心的な目標を設定する。

先に紹介したユニリーバなどの消費財メーカーやプラスチック包装・容器メーカーなど、世界の主要な企業、それに政府やＮＧＯなど４５０を超す機関が署名し、このイニシアチブに加盟しています。

何の解決策も講じずに今の状態を続けていくと、２０５０年までに１２０億トン以上のプラスチックが埋め立て、ないしは自然投棄されることになります。そうなると、海洋中のプラスチックの量が魚の量を上回ると、エレン・マッカーサー財団では警告しています。

廃棄大国日本の責任

国連環境計画はもうひとつ、私たち日本人に驚きの数字を突き付けています。プラスチックの廃棄量を国別で比較すると、日本の人口一人あたりの廃棄量は年約32キログラム。この数字はアメリカについで世界第2位。日本は、残念なことに、プラスチック廃棄大国なのです。

一般社団法人プラスチック循環利用協会によると、日本国内の廃棄量は２０１８年で８９１万トン。そのうち56％は燃やしてエネルギーとして回収していますが、明らかにCO_2を大量に排出していることになります。

また、これまで年に約１００万トンをリサイクル資源として海外に輸出してきましたが、２０１７年に最大の輸出先だった中国が輸入を禁止しました。これによりプラスチック廃棄物が国内に留まり、処理が追いつかない状況が生まれています。

これは、企業だけの話ではないと私は考えます。生活者である私たち一人ひとりが自らの暮らしを今一度見直し、プラスチックの使い捨てを改めていかなければなりません。たとえば、日頃から飲料用のマイボトルを持ち歩き、なるべくペットボトルを購入しないよう心掛ける。

ささやかなアクションかもしれませんが、多くの人の、日々の小さな積み重ねが大きな一歩となるに違いありません。

第５章　「環境の破壊者」ファッション業界の変貌

――ケリング・グループ／グッチ／プラダ／エルメス／ステラ・マッカートニー／ザラ／H&M

「環境の破壊者」と呼ばれる理由

環境の破壊者。

ファッション産業はそう呼ばれています。あの華やかな世界を見ていると意外に思うかもしれませんが、数字は実に正直に語ってくれます。

たとえば国連環境計画の試算によると、世界で排出されるCO_2のうち約10％はファッション産業が排出しています。これは国際線の航空機と海上輸送の船が出すCO_2を足した量よりも多いのです。しかも、このままだと２０５０年までに26％をファッション産業が排出することになると、エレン・マッカーサー財団は指摘しています。

また、水の使用量も驚きです。世界自然保護基金（WWF）の報告では、Tシャツ1枚を作るのに約2700リットルの水を必要とし、水の汚染と使用量では石油産業に次いでワースト2位。しかも、国連欧州経済委員会と世界資源研究所によれば、毎年作られる服の85％が焼却や埋め立てなどで処分されています。

CO_2を排出し、水も大量に使って地球を汚しながら、作ったもののほとんどを廃棄物として捨てている……。これでは「破壊者」と呼ばれても仕方ないでしょう。

さらに罪深いのが、海を汚染する5ミリ以下のプラスチック、マイクロプラスチックを排出していること。服の約70％を占めるポリエステルやナイロンといった化学繊維は、洗濯機で洗濯するたびに、大量のマイクロプラスチックを排出しているのです。

国連環境計画とエレン・マッカーサー財団は、毎年500億本のペットボトルに相当する50万トンのマイクロプラスチックが、衣類の洗濯で海に流出していると報告しています。これは海中に浮遊するマイクロプラスチックの35％にあたり、ファッション産業は海洋汚染においても重大な過失を犯しているのです。

ハイブランドの使命

ブランドのイメージを大切にしてきたファッション産業にとって、こうした「環境の破壊者」というレッテルを貼られるのは由々しきことです。その危機感をどこよりも早く察知し、行動したのがラグジュアリーブランドでした。ラグジュアリーブランドとは、ルイ・ヴィトンやシャネルなどのハイブランドを指します。

先陣を切ったのが、フランス・パリに本社を構え、グッチやサンローランといった有名ブランドを傘下に抱えるケリング・グループです。

環境への負荷軽減の取り組みを積極的に実践することで、2019年の世界経済フォーラム年次総会（ダボス会議）で発表された「世界で最も持続可能な企業100社」で全体の2位にランクイン。ファッション分野では堂々のトップで、最もサステナブルなファッション企業と評されています。

ケリング・グループが高く評価されたのは、環境活動に数式を持ち込んだ点です。

2011年に、サプライチェーン内で生まれる環境負荷を数値化する「EP&L＝Environmental Profit and Loss」という独自の環境損益計算を開発し、数字による可視化に乗り出したのです。

このEP&Lとは、加工・処理、製造、組み立て、販売の各段階で、CO_2の排出量から水の使用量、水質汚染、土地利用、大気汚染、廃棄物までのデータを収集。特殊な計算式で貨幣価値に置き換えることで、自分たちの事業活動から生じる損失を正確に測定し、把握するものです。

ケリングはファッション産業での持続可能性へのリーダーシップも発揮しています。2019年のフランス・ビアリッツで開かれたG7サミットでは、ケリング会長兼CEOのフランソワ・アンリ・ピノー氏が「ファッション協定（THE FASHION PACT）」を発表しました。

ファッション協定は、フランスのエマニュエル・マクロン大統領がピノー氏に託したミッションとして発足したもので、気候変動、生物多様性、海洋保護の3つを柱にした枠組みです。

具体的には、2050年までにCO_2の排出量ゼロを目指し、2030年までには参加企業が使用するエネルギーを100%再生可能なエネルギーに切り替える。また、過密飼育を行う農場からの素材調達を取りやめ、生態系や種の保存、土壌再生などを重視した農業を優遇する施策を取る。そして、使い捨てプラスチックを2030年までに廃止するとともに、マイクロプラスチック汚染を抑制する新素材の開発を進める、と実践的な目標を掲げました。

ケリングの他には、アルマーニやシャネル、バーバリーといった名だたる企業が調印し、２０２０年４月時点で66社、２５０以上のブランドが参加しています。

全製品の環境への影響を「見える化」するグッチ

ケリング・グループ傘下で、総売り上げの60％以上をたたき出す、グループの要《かなめ》とも言えるブランドがイタリア・フィレンツェに本社を構えるグッチです。どこかすました高級感を放つブランドと、環境負荷を軽減させるサーキュラー・エコノミーとは、意外な組み合わせのように感じます。ところが、実態はそうではありません。

グッチは、先の環境損益計算「ＥＰ＆Ｌ」を導入し、製造・販売するすべての製品についての環境への影響を数値で可視化しました。そして、２０１７年からファッションブランドとしては初めて、ＥＰ＆Ｌの公開に踏み切ったのです。これまで環境の負荷を数字で置き換えてみることがなかっただけに、業界に大きなインパクトを与えました。

グッチが公表している取り組みを紹介すると、まず、2018年のEP&Lでは、全工程で9割を占めるサプライチェーンでのCO_2排出量を、3年前の2015年に比べて16%削減したと報告しています。残りのCO_2に関しては、別の事業で排出量を相殺《そうさい》するカーボン・オフセットを選択。途上国が自国の森林を保全するために取り組んでいる活動に対し、経済的な利益を国際社会が提供する「REDD+(レッドプラス)」のプロジェクトを支援することを宣言しました。

製品に使う原材料は2015年からすべてケリングの基準に準拠し、2018年までに全体の95%の材料が原産地まで追跡可能としました。2025年までにその割合を100%に引き上げる計画です。

ブランドの顔とも言える革製品においては、皮のなめし加工に使っていた有害な化学物質のクロム化合物の使用を中止し、皮革を効率良くカットして必要な分のみを加工することで、使用する化学物質や水の量、輸送によって排出するCO_2や廃棄物の量を減らす「スクラップレスレザー」プロジェクトを開始しています。

2018年には8つの皮なめし工場が参加したことで、エネルギーの消費量は前年に比べ84万キロワット減らすことができ、水の消費量及び排水量も1000万リットル削減しました。その他、化学物質消費量は145トン削減、レザー廃棄物は66トン削減。こうした削減によって、CO_2の排出を約3400トン抑えたそうです。同時に、11トンのレザー廃棄物の再利用を実現させています。

2015年からは靴のヒールに使用するプラスチックをリサイクル済みのABS樹脂に変え、2018年にはバイオプラスチックを50％含むソールの靴を4万足製造しました。さらに、2018年にはラグジュアリーブランドとしては初めて、漁業用の網や布の廃棄物、使用済みカーペットなどをリサイクルした再生ナイロンを採用したのです。

また、再利用の取り組みとして、サプライヤーから回収された92トンのテキスタイル廃棄物を再利用可能な素材に生まれ変わらせています。

グッチは、持続可能な事業計画に基づき、あらゆる主要データを気軽に見ることができるオープンソース・プラットフォームも立ち上げています。これによって、ビジネスパートナーやさまざまなセクターとの共同プロジェクトが容易になり、経営陣は「持続可能な未来に向けてともに取り組んでいける」としています。

気になる業績ですが、2017年の売り上げは対前年比で42％増、営業利益は同

69%増と大きな伸び率を達成しました。2018年はさらに売り上げ同33%増、営業利益同54%増。2019年も売り上げ16%増の96億ユーロ（約1兆1674億円）を達成するなど、大幅な業績の向上を遂げています。

サーキュラー・エコノミーへの移行が売り上げ面にどうプラスに働いたのか、詳細はわかりませんが、ブランドの社会や環境への貢献度は確実にアップしたに違いありません。

グッチ以外でもこうした動きは活発化しています。

イタリア・ミラノに本社があるプラダは、ブランドを語る上で欠かせない、特別な素材であるナイロンに着目し、大胆なプランを打ち立てました。海から集められたプラスチック廃棄物、漁網、繊維廃棄物などで作る、再生ナイロン繊維「リ・ナイロン(Re-Nylon)」プロジェクトを始動したのです。この再生ナイロン繊維を1万トン使用することで、1113万リットルの石油を節約でき、5万7100トンのCO_2の排出を削減しています。

プラダでは同時に、2021年までにすべてのバージンナイロンを再生ナイロン繊維に転換することも目標に掲げました。

フランス・パリに本社を構えるエルメスは、2020年に口紅「ルージュ・エルメス」を発売。繰り返し使えるよう、容器は中身の詰め替えが可能な設計にしました。180余年のメゾンの歴史の中で、メイクアップの化粧品に参入するのは今回が初めてです。明らかに、プラスチックの廃棄問題を意識したアクションと言えます。

ファッション界の異端児が今やメインストリームに

春夏、秋冬と新作のコレクションを発表し、毎シーズンのようにファッションの新しいトレンドを生み出してきたデザイナーたち。でも、それは先シーズンの服を次々と時代遅れにし、新しい服の購入を消費者に促してきたと言い換えることもできます。そうした旧来のビジネスに固執するファッション業界に対し、誰よりも先に環境への取り組みが急務であると唱えたのが、英国人デザイナー、ステラ・マッカートニー氏です。父親はあのポール・マッカートニーです。

2001年にフランス・パリで発表した彼女のファーストコレクションは皮革や毛皮、羽毛などを一切使わないものでした。メディアがこぞって「ベジタリアンブランド」と書き立てたように、当時、業界内では「革や毛皮を使わない高級ファッションブランドなどありえない」と彼女は異端児扱いされました。それがどうでしょう。今やサーキュラー・エコノミーという概念をファッションの世界に持ち込み、環境破壊を重ねてきた産業を、あるべき姿に変えようとする救世主になっています。

彼女はこう言います。

「私たちの目標は、不要な害を惑星に与えることなく、高級品を作ることが可能だと証明すること」

実際、最新テクノロジーを活用して新しい代替素材を次々に開発することでそれをやってのけ、サステナビリティを推し進めています。

具体的には、工場でカシミア製品の製造後に発生する廃棄物から再生カシミアを開発しました。2017年春のコレクションから、木材より作られるビスコース（レーヨンの一種）素材をFSC（森林管理協議会＝Forest Stewardship Council）認証を受けたスウェーデンの森林のものに限定しています。その上で、トレーサビリティ（生産・流通工程の追跡可能性）と透明性に長《た》けたサプライチェーンを使って生産し、同時に原始林を保護するNGOとパートナーシップを結び、世界の森林保護を訴えています。

コレクションで最も使う素材であるコットンは、61%が認証済みのオーガニックコットンで、その94%が原産国まで追跡できます。合成繊維に関しては、2012年よりペットボトルからリサイクルした再生ポリエステルを使い始め、2020年までに100%再生ナイロンに、そして2025年までに100%再生ポリエステルにする目標を掲げています。

扱うものはどれも環境への負荷を少なくする。その徹底ぶりには目をみはるものがあります。

さらに、2019年に発表した、アディダスとコラボした「アディダス・バイ・ステラ・マッカートニー」では、米国のバイオベンチャーと共同開発に挑みました。コットンを分子レベルで分解・再生したセルロース繊維や、酵母を使って合成したタンパク質繊維といった新素材を用いた服を発表したのです。こうした化石資源に頼らないモノづくりは、雑誌などメディアが高く評価したばかりか、最先端技術や新しいモノが好きなアディダスファン、並びに彼女の顧客を魅了しました。

環境活動への熱意はデザイン活動に留まりません。2018年の国連気候変動枠組条約第24回締約国会議(COP24)では、「ファッション業界気候行動憲章(Fashion

Industry Charter for Climate Action）」を国連環境計画とともに発表し、気候変動に向けて業界が一致団結して取り組むことを呼び掛けました。

憲章では、世界の平均気温上昇を産業革命以前の水準より1・5度に抑える努力をするパリ協定を支持するとともに、2030年までに温室効果ガスの総排出量の30％を削減、2050年までに実質ゼロにすることを目標に掲げました。

この憲章にはアディダスやバーバリーといった有力企業・業界団体が100以上署名し、日本ではアシックスが2019年に、ユニクロを手掛けるファーストリテイリングとYKKが2020年に署名しています。

ステラ・マッカートニーはファッション業界、そして消費者に向けて語ります。「デザインによって修復と再生が可能になり、お気に入りの服が廃棄物になることがない。ファッションの未来がそうした循環型になる確信を持っている」と。

ファストファッションもサステナブルへ

服を安価に大量に売ってきたファストファッションでも、サステナビリティに舵を切っています。

スペインのザラでは2015年に環境に配慮したライン「ジョイン・ライフ」をスタートさせ、生産工程での水やエネルギーの使用量を削減するとともに、オーガニックコットンや再生ポリエステル、再生セルロースといったサステナブルな素材を積極的に使い始めました。また、店舗での古着回収プログラムも始め、NGOを通じた寄付やリサイクルを進めています。

対する、スウェーデンのH&Mは、サステナブルな素材への移行と同時に、2019年から本国ストックホルムの旗艦店で会員制のレンタルサービスを試験的に始めています。これには、新しい服を買っては捨てるという従来の消費行動を変えていく狙いがあります。

2020年のコロナショックにより、全世界で外出禁止や自粛要請が起こり、ファッション産業も売り上げ面では大打撃を受けました。しかしこれは、業界全体の変化を加速させるものになりそうです。ファッション情報紙『WWD』によると、米国ファッション協議会と英国ファッション協議会が5月に、「ファッション業界のリセット（The Fashion Industry's Reset）」という共同声明を発表しました。

声明は以下のようなものです。

「長年にわたる過剰生産の結果、在庫は積み上がる一方だ。ファッション業界の目まぐるしいスピードに慣れているブランドやデザイナー、そして小売店にスローダウンすることを促したい。業界のシステムをあらゆるレベルで変える必要がある。以前から言われていたことだが、コロナの影響でこれを優先的に考えていくべきだという機運が高まっている」

ファッション産業が「環境の破壊者」の汚名を返上しようと、変革に動き出したのは、これからメインの買い手となるミレニアル世代（1981年〜1996年生まれ）とZ世代（1997年〜2010年生まれ）の存在への意識が大きいからだとも言えるでしょう。

というのも、両世代ともブランドの知名度や伝統といった価値観には、あまり心を動かされない傾向にあるからです。むしろ、そのブランドを率いる企業や作り手が何を考え、どういったビジョンのもとにいかなる努力や研究をしながらモノづくりをしているのか。製品の背景にあるストーリーに関心を持っています。

何より、この世代は環境への意識が高い。ミレニアル世代が約8310万人いるとされる米国で、マーケティング会社が行った意識調査によると、彼らの90%が「社会・

環境問題への対応に関して信頼できるブランドの製品を購入したい」と答えています。

米国では、消費者が何を買うかを予測する消費トレンドを、このミレニアル世代とZ世代が担っているのです。

企業や作り手がいかに環境や社会への取り組みを真剣に行っているか、そして製品が偽りなく人と環境に優しいものであるか。

デバイスや検索エンジンの台頭とともに成長し、デジタルパイオニアと言われるミレニアル世代と、生まれたときからデジタル環境で育ったデジタルネイティブのZ世代。いずれも大量な情報を選別し、ＳＮＳでの評判に敏感に耳を傾けながら、その真価を見抜いて、買う買わないの判断をします。

彼らを顧客として取り込みたいと考えるのであれば、環境や社会への新たな取り組みを徹底し、それを示していかなければなりません。彼らは上の世代に比べると移り気ではないのです。信頼を一度勝ち取ると、浮気をすることなく根強いファンにもなってくれる、ファッション産業の一部はそのことを理解しようとしています。

第6章 リソース・ポジティブと食ビジネス
——スターバックス／ミツカングループ

食品ロスからリソース・ポジティブへ

使用後に廃棄されるプラスチックの容器やストロー。余った食材や食事をそのまま捨ててしまう食品廃棄物、いわゆる食品ロス。そして何より大切な食の安心安全。食に関わる企業にも、早急に解決しなければならない課題が山積しています。

米国シアトルに本社を構え、全世界でコーヒーショップを展開するスターバックスは、そうした課題に対し、ひとつの方針を明らかにしています。2020年1月に発表した「リソース・ポジティブ（Resource-Positive）」です。

リソース・ポジティブとは、「地球から採取するよりも多くの資源を、地球に戻していく」という意味です。環境に負荷を与えている分を削減し、ゼロにするだけでは不十分と、さらに環境にとってプラスになるモノを与え、コトを起こしていく。これはかなり踏み込んだ意思表明です。

スターバックスCEOのケビン・ジョンソン氏は、2021年に創業50周年を迎えることを意識しながら、「我々が暮らす地球のために、スターバックスは自らに挑戦し、多くの人たちと連携しながら課題解決に当たらなければならない」と決意を語っています。

スターバックスは、全世界の直営店とサプライチェーンで発生したCO_2の排出量や廃棄物の量、水の使用量を測定した上で、次の5つの戦略を掲げました。

1　植物由来の食品を拡大し、より環境に優しいメニューに移行していく。

2　使い捨て容器から再利用できる容器に変える。

3　サプライチェーンにおいて、革新的で再生型の農業や森林再生、森林保全、水の補充に投資していく。

4　店舗において、食品廃棄物の再利用、リサイクルを進めるために、より良い廃棄物管理方法に投資していく。

5　より環境に配慮した店舗と運営、そして製造、配送のための改革を行っていく。

同時に、その第1段階として2030年までに達成を目指す暫定的な目標も示しました。

1　全世界の直営店とサプライチェーンにおけるCO_2の排出量を50%削減する。

2　直営店やコーヒー生産で使われる水の50%の量を水不足に悩む地域や流域に補充する。

3　店舗や製造過程で発生する廃棄物を50%削減。さらに、サーキュラー・エコノミーに舵を切るために、エレン・マッカーサー財団のイニシアチブ「ニュー・プラスチック・エコノミー・グローバル・コミットメント」に署名し、容器の再利用に向けた野心的な目標を設定する。

スターバックスでは市場調査とともに、再利用可能なボトルへの移行を進め、創業50周年のタイミングで、2030年に向けた目標を公式発表するとしています。ジョンソン氏は「持続可能な企業になるために、今こそ周囲の企業とのパートナーシップが重要になっている」と呼びかけます。

スターバックスは全世界で３万を超す店舗を構えており、その影響力は絶大。そんな企業がサーキュラー・エコノミーに動くことは、食ビジネスが大きく変わる契機となるように思われます。

「ストップ・ザ・プラスチック」で年間10億本全廃を目指す

注目すべきは、使い捨てプラスチックの削減に乗り出した点です。２０１８年には、全世界の店舗のプラスチック製ストローを２０２０年までに全廃すると宣言しています。その数は年間で何と10億本に及ぶというからすごい数です。

代替としては、ストローがなくても飲めるフタ「ストローレスリッド」を開発し、導入していきます。また、ストローを使いたい顧客向けには、紙製や堆肥化可能なプラスチックといった代替材料で作ったストローを提供する計画です。

ジョンソン氏は「より持続可能な方法で商品を顧客に提供することは、コーヒービジネスを持続可能なものにするための重要なマイルストーンとなる」と説明します。

2019年から米国とカナダのスターバックスの店舗で段階的に展開してきた脱プラの動き。日本においてもスターバックス コーヒー ジャパンが2020年1月から導入を開始しました。

2020年2月　プラスチック製で何度も使える「リユーザブルカップ」を全国約1500店舗に導入。
2020年3月　全店への紙ストローの導入。
2020年4月　アイス飲料向けの紙製カップの試験提供。
2020年中　　ストローレスリッドの導入検討。

当初は年間約2億本分のプラスチックストローの削減を目指していましたが、コロナ禍で導入はいったん中断されています。

この「ストップ・ザ・プラスチック」の動きは、世界的に大きなうねりになろうとしています。日本国内では他に、首都圏で外食チェーン店を手掛ける企業ゼットンが2019年から複数の店舗（順次全店展開中）で、日本製紙が開発したトレーサビリティが明確な紙製ストローを導入しています。

また日清食品ホールディングスは主力商品の「カップヌードル」で、使う容器の原料を2019年から植物由来のバイオマス・プラスチックへ切り替える事業を始めました。それまで使っていた石化由来プラスチックを多く使用する容器を、カップヌードルが発売50周年を迎える2021年度中にすべて撤廃する計画です。

可能な限り、素材まるごと全部使う

愛知県半田市に本社がある食品メーカー、ミツカングループでは、2019年3月に、サーキュラー・エコノミー型の食品ブランド「ZENB（ゼンブ）」を発表しました。ブランド名は、日本語の「全部」から。トウモロコシだったら、これまで捨てていた芯まで使い、枝豆であればさやまで使う。「可能な限りまるごと全部使い、余計なものを加えずに、素材まるごとの栄養をおいしく食べる」をブランドのコンセプトに、片手でザクザクと頬張れる野菜入りスティックと、パンなどに塗って食べるペーストを第1弾製品として発売しました。

「全部」という言葉から、食品ロスの問題にきちんと向き合おうとしたことがわかります。これまで捨てていた部分を食品として利用するため、廃棄物を減らすことにもつながる。ミツカンでは規格外で市場に出回らなかったり、たくさん採れ過ぎてしまって余っていたりと、捨てられる運命にあった野菜を原材料に積極的に用いることを模索しています。

使う原材料に関しては、食品衛生法で定められた残留農薬基準を個別に調査しています。調達チームが野菜の採れた現地に出向き、畑の環境や栽培管理状況などの確認も進め、安心安全を徹底する方針です。

その一方で、「食べる物なので、あくまでも栄養があっておいしいことが前提」とZENBの開発に携わったMizkan Holdings執行役員で、新規事業開発担当の石垣浩司氏は語ります。

実は、トウモロコシの芯にはいつも食べている実の部分の3倍近くの食物繊維が含まれています。枝豆のさやも豆部分の2倍の食物繊維があり、色鮮やかな野菜ビーツの皮となると、いつも食べていた果肉の3倍以上のポリフェノールが含まれています。こんなに栄養素がある部分を捨てていたとは、もったいない話です。

堅いのであまり一般には食べられていなかったのですが、北海道では古くからトウモロコシの芯を入れてごはんを炊く習慣があり、東北では味噌汁の具に枝豆をさやごと入れていたりする。先人たちは栄養があること、そして食べるとおいしいことをしっかりと知っていたのです。

ミツカンではそうした栄養価とおいしさを地域の食文化などからも探し、また実際に食べてみておいしいかどうか、添加物に頼らずに素材そのものでおいしさをどれだけ引き出せるかという「実験」を繰り返しながら、製品化を進めました。芯やさやを細かくするために、調味料の原材料を細かく粉砕する目的で開発していた自社の技術を使ったようです。

このミツカンの開発視点はとても大切です。「この製品は廃棄物を減らすことにつながる」と言っても、それは製品が持つ価値のひとつの側面に過ぎません。それだけでは消費者はそう興味を持ってはくれないもの。食であれば健康によく、その上おいしいとならなければ手に取ってはもらえません。

第4章の「Loop」でも触れましたが、サーキュラー・エコノミー型のサービスや製品は単に倫理的な押しつけでは広がっていきません。きちんと消費者のニーズに応え、他のサービスや製品と比べても魅力的であることがサーキュラー・エコノミーを語る上での必須条件だと私は考えます。

創業216年の歴史を再評価する

「現状のままではミツカンは未来に生き残れない。そんな危機感から、ZENBの製品開発が始まった」と石垣氏はさらに言及します。

ミツカンは2020年に創業216年を迎えました。こんなに古い会社とは実は知りませんでした。2018年に、10年後に会社がどの方向を向いているのか、どういう会社でありたいのかを社内外に明確にするために、「未来ビジョン宣言」という意思表示を行っています。

宣言の内容は、以下のようなものです。

「地球のために、この価値観を多くの人と共有したい。
人と社会と地球の健康
おいしさと健康の一致」

ミツカンというと、酢の国内メーカーという印象がありますが、北米でパスタ事業を、英国ではモルトビネガー事業を買収するなど、積極的に海外ビジネスも手掛ける企業です。グループの売り上げではすでに海外が50％を超えるようになり、ビジネスを進めていく上でグローバルスタンダードが求められてきたというのが、未来ビジョン宣言を行った背景にあります。

216年の歴史を踏まえつつ、新たな歴史を踏み出す。そのためには現状をまず否定するところから始まり、そこでたどり着いたのがZENBのプロジェクトだったのでしょう。

この宣言を受ける形で、2019年3月にはサステナビリティ推進室が発足しています。推進室室長の有冨菜穂子氏は、「既存のビジネスも含め、サステナビリティの視点で一度見直し、検証している」とその役割を説明します。

対外的なアクションとしては、エレン・マッカーサー財団が、プラスチック、テキスタイルに次ぐ、3番目のイニシアチブとして2019年6月に立ち上げた「フード・イニシアチブ（CITIES AND CIRCULAR ECONOMY FOR FOOD）」に、日本企業として唯一参加しています。ミツカンがこうしたグローバルな組織に加盟したのは初めてとのこと。ワールドワイドな波に歩調を合わせることで、そこで得られた知見や経験を本業に生かしていくのが狙いです。

考えてみると、ミツカンが最初に製品化した粕酢《かすず》は日本酒を造る過程で出る酒粕を加工したもの。副産物だった酒粕を無駄にすることなく有効活用したわけで、ミツカンは実は200年前からサーキュラー・エコノミーを実践してきたと言えます。「そうした歴史からの気づきをサステナビリティ推進室が中心となって整理し、ミツカンらしいサステナビリティを推進する基盤としている」と有冨氏は言います。

食は毎日のもので、私たちにとっては身近な存在です。それだけに、時代遅れだったり、時代にそぐわなかったりといったビジネスをしていると、すぐに消費者にそっぽを向かれてしまいます。半面、時代に即応しているなら、支持もされやすい。そもそも原料はほとんどが自然界から得るので、自然環境が健康でなければならないのです。

第７章　家具、寝具、信頼できる暮らしまわりの製品
――イケア／イワタ

イケアのビジネスモデルの転換点とは

「私たちのビジネスモデルはそろそろ成立しなくなってきた」

こう危機感を伝えるのは、イケア・ジャパンのサステナビリティマネージャー、マティアス・フレドリクソン氏です。

イケアのビジネスモデルとは何でしょう。ひと言で言うなら、「スウェーデンデザインのサステナブルなホームファニシング製品（台所用品・寝具・インテリア・家具など家庭用品全般）を手頃な価格で提供する」です。倉庫のような巨大な店にはち切れんばかりの製品が並ぶ光景に圧倒され、同時に、いいなと思って手に取ると思いの

ほか安くて感動する。ついつい、カートいっぱいの買い物をしてしまったという人は少なくないでしょう。

店舗は今や世界の50を超す国や地域に広がり、433店舗（2019年時点）に及んでいます。9500点以上の製品を製造し、それらを求めて年間9億5000万人もの客が店をおとずれる。2019年には対前年比6・5％増の413億ユーロ（約5兆220億円）の売り上げを記録しており、彼らのビジネスモデルは大いに成功しています。

では、どうして「成立しなくなってきた」という発言が生まれたのでしょうか。

それは、資源が枯渇し、原材料が高騰することが予測される状況で、自分たちの現在のビジネスモデルに安住してはいられない、得意としてきた「手頃な価格で提供する」ことが近い将来できなくなると判断して動き出す必要があったからです。

買い手と作り手、双方のメリット

イケアは、すでにいくつかの製品で新たな試みに挑戦しています。

たとえば、新たに開発したソファは、これまで通常120個前後のパーツから作られていた構造を改め、パーツの数をなんと13個に減らしました。これなら店で在庫として持っておくスペアパーツは少なくて済みます。製造の工程も簡素化・簡略化され、細かなパーツを一つひとつ作る工程も省ける。製造に関わるサプライチェーンで排出するＣＯ²も、着実に削減できます。

「プラッツァ（PLATSA）」という収納システムは、パーツを簡単に追加したり、取り外したりできます。サイズが一定の大きさや形に規格化されているので、自分で自由に別の形に組み立て直すことも可能です。

暮らしているうちに家族が増えることもあれば、配置する部屋や場所、それに用途自体も変わったりします。そうした暮らしの変化に柔軟に対応していける家具なら、いちいち買い替える必要もないし、捨てずに長く使っていけます。

ＤＩＹは苦手という人には、新たに開発された「ウェッジ・ドゥエル（Wedge Dowel）」という接合方法があります。これはネジやクギを一切使わずに、家具を組み立てることのできる仕組みです。

従来のイケアの家具はほとんどの組み立てにネジやクギが必要で大変でした。特に引っ越しなどの際は、本棚や家具を一度分解し、引っ越し先でまた組み立てたりするのが面倒。でも、この接合法が採用された家具なら、そんな煩わしさからも解放されるわけです。イケアも、家具ごとに必要なネジやクギをそろえる手間がなくなり、資源も節約できます。
　こうした新商品や新技術が生まれていることに、イケア・ジャパンのフレドリクソン氏は「こうした挑戦はイケアにとってはイノベーションのチャンス」と指摘します。対する買い手側にとっても、使い勝手が良く、ストレスが解消されるなど、メリットが増えてくると考えているのです。

全製品をサーキュラー・デザインに

　彼らは当然、サーキュラー・エコノミーへの移行を意識し、今後行動していく上での「4つの約束事」を定めています。

1　2030年までに、すべてのイケア製品を「サーキュラー・デザイン」で開発する。
2　2030年までに、製品に使用するのは再生可能素材またはリサイクル素材のみにする。

３　購入した製品を循環していける新しい方法を提案する。

４　他の企業や消費者と連携して、サーキュラー・エコノミーの潮流を世界に拡大していく。

１のサーキュラー・デザインを社内で徹底するために、さらに９つの原則を設けています。それは、「想定寿命に合わせたデザイン」「再生可能素材やリサイクル素材を使用できるデザイン」「リサイクルできるデザイン」「製造方法を考慮したデザイン」「標準化と互換性のためのデザイン」「調整しやすく改良できるデザイン」「メンテナンスや修理ができるデザイン」「分解と再組み立てができるデザイン」「愛着が持てるデザイン」です。

「想定寿命に合わせたデザイン」とは、客が定期的に買い替えたいと思う製品と、長く使い続けたいと考える製品を区別し、製品の耐久性と原材料を想定される寿命に合わせていくという考え方です。

「標準化と互換性のためのデザイン」は、イケアが全製品で標準的な寸法を採用していることを指します。これによって常にどんな製品も再生産が可能ですし、標準化していることで他のブランドとの互換性も生まれてくるわけです。

客が買った製品がそのまま廃棄されることなく、修理や再利用、再製造にリサイクルを重ねて利用者から次の利用者へと循環し続ける。そして製品としての寿命が尽きたときは新しい製品の原料、いわば「原材料バンク」となることをあらかじめ想定してデザインしていく。それがサーキュラー・デザインだと定義づけています。

また、イケアは、新たな資源はなるべく使わず、現在全製品の60％以上で使っている再生可能素材、それに全体の10％に及ぶリサイクル素材の活用をさらに進め、この2つの素材で今後は賄っていくと明言しました。

分解・組み立てがしやすく、メンテナンスや修理をしやすくすることで、利用者が長く使え、「捨てたい」と思わなくなる製品。もともとスウェーデンデザインは、長く使えるようにデザインがシンプルな上、高い機能性を重視してきましたが、さらにその精度を高めようとしているのです。

製品が循環する仕組みづくり

販売後の商品についてはどうでしょう。イケア・ジャパンでは2017年から自社家具の買い取りサービスを始めています。使い終わった、ないしは不要になった家具を店舗に持ち込むと、家具を引き取ってもらえ、状態に応じて店舗での買い物時の支払いに使えるリターンカードが受け取れます。

買い取った家具は修理され、通常の価格より安いアウトレット製品として再び販売されます。このサービスが開始されて3年の間に約1万1000個の家具が回収され、その92%が第二の人生を送っています。それだけ製品自体に耐久性があり、またデザインも流行を追うことなく普遍的であることがわかります。

こうした循環は、廃棄処分以外の選択肢を消費者に提供するメリットがあります。と同時に、イケアにとってもこれまで売っていた製品よりさらに安い、低価格商品の商品量を補強するメリットがあります。ビジネス的にもプラスなわけです。

2020年の春からは個人の客だけでなく、オフィスや店などからの買い取りにも対応するなど、法人向けにも幅を広げています。

スイスのイケアでは、法人向けにオフィス用のデスクやイスを定額で貸し出すサービスの実証実験を2019年から始めています。いわゆる、従来の売り切りではなく、家具におけるサブスクリプション（定額課金）方式のレンタルビジネスが成立するかという試みです。どのくらいの価格でレンタルできるのか、サービスの詳細は残念ながらわかりませんが、ここでも新たなビジネスモデルの可能性を探っているのです。

この試みについて、イケアグループを統括するインター・イケアグループCEOのトルビョーン・ルーフ氏は「我々は製品を売るだけでなく、売った後に消費者がその製品をどう扱っているのかに強い関心を持っている」と話しています。

これは第1章で触れたミシュランやフィリップス、エレクトロラックスの「サービスとしての製品」と同じ発想です。ホームファニシングの業界でも、モノを売るだけでないビジネスが始まっているのです。

創業時の原点に回帰する

資源を大切にするサーキュラー・エコノミーの取り組みは「イケアにとっては新しいことではない」とイケア・ジャパンのフレドリクソン氏は強調します。

1953年、イケアの1号店がオープンしたスウェーデン南部のエルムフルトという村では、住民たちの間にモノを大切にする暮らしが浸透していました。イケアは、成り立ちのところから、人々の暮らしに合ったビジネスを模索してきたのです。その意味では、サーキュラー・エコノミーへの転換は原点回帰とも言えるでしょう。

企業は一度成功すると、成功体験のビジネスモデルにしがみつき、固執しがち。変えるには相当な勇気が必要です。特に、イケアのような巨大企業となると、変化そのものが大変です。ところが、彼らは実に潔い。大企業でありながら、動きが敏捷《びんしょう》で柔軟。だからこそ、常に家具業界のトップランナーとして走り続けられる。日本の企業も学ぶべきところが多いのではないでしょうか。

無漂白で無染色の安心安全な寝具を

寝具分野で、老舗のブランド力を生かし、高級路線でビジネスを進めてきた日本企業を紹介しましょう。この企業は、サーキュラー・エコノミーへの移行を機に、顧客に対して「求めやすさ」を提案しようと試みています。イケアとは真逆の方向からビジネスモデルを変えようとしているのは、京都で創業１９０年を迎える寝具メーカー、イワタです。

1日平均8時間は利用すると言われるふとん。こんなに肌に長く接する身近な存在なのに、どのように作られ、どのように処分されているのかを、私たちはあまり知りません。

ふとんに使われる生地の多くは染色やプリントされる前に、いったん真っ白に漂白し、その後染料を浸透させます。ふとんカバーや敷布に至っては、白さを際立たせるためにさらに蛍光増白剤という薬剤が使われます。つまり、生産工程では大量の化学物質が使われ、同時にCO_2を排出しているのです。その上、染色などに使用した排水を河川に流すことで、水資源の汚染も引き起こしてきたのです。

話はここで終わりません。みなさんも一度は経験があるかと思いますが、寝具類は買い替えや引っ越しのたびに捨てられることが結構多い。捨てるときは粗大ゴミ扱いとなり、東京23区では毎年120万点もの寝具類が粗大ゴミとして出されています。粗大ゴミの品目別で見ると、2012年~2016年、寝具類がずっとトップという多さです。

粗大ゴミの処理施設に回収された寝具は、粉砕機を用いて細かく砕いてから焼却され、その灰は埋め立て地に運ばれて最終処分（埋め立て）されます。布の下に金属スプリングなどが入るケースが多いマットレスは、鉄と繊維くずに分別され、鉄は回収して再利用されますが、繊維くずは焼却されます。

つまり、使い古された寝具類はほとんどが再利用されることなく焼却され、CO_2を自然界にまき散らしているわけです。第５章で取り上げたファッション業界に負けず劣らず、かなりの環境の破壊者と言えます。

イワタはもともと長く使い続け、同時に環境や人に有害な物質を使わない持続可能な寝具を作っていましたが、そこからさらに一歩踏み出し、２０２０年にサーキュラー・エコノミーデザインの「アンブリーチド（unbleached）」という寝具の新ブランドを発売しています。

「ブリーチ＝色素を抜く」ことをしないとブランド名に謳っているように、生地や詰め物などの素材は、無漂白、無染色、そして蛍光増白剤不使用なものだけに限定しています。

この工程では、綿は自然のままです。よく見慣れた真っ白ではなく、くすんだ生成りで、ロットによって色はまちまちだし、綿花のクキの破片なども多少混じっていたりもする。あの不純物のない白は実は人工的なものだったわけです。

「百貨店や通販、小売店などでは、お客からクレームが来るからと長らく不純物のないものしか扱わなかった。我々作り手もきれいに整えることが当たり前と思ってきた」イワタ社長の岩田有史氏は人にとって安心安全で、環境への負荷も減らす上で、今までの業界の常識を見直したと言います。

繊維製品では、350を超える有害化学物質を検査対象にして厳しい分析試験をクリアした製品だけに与えられる、世界最高水準の安全基準「エコテックス100」という基準があります。イワタの寝具はこの認証を取得しています。

かつて日本人にとって寝具は一生ものだった

「アンブリーチド」を通してイワタは、寝具と私たちの付き合い方にも着目しました。新ブランドの枕や敷きパッドなどは、家で水洗いをすることができます。製品にはQRコードが縫い付けられていて、このQRコードをスマホなどで読み取ると、日干しや水洗いの方法などが書かれたページにアクセスできます。

また、羽毛ぶとんやマットレス、敷きパッドは年月が経ち、へたってきたら仕立て直しが可能です。イワタでは、熱を加えると元の状態に戻るマットレスの芯材を採用するなど、メンテナンスや仕立て直しを前提とした設計で製品開発に当たっています。「天気のいい日にはふとんを干し、ふとんの綿がへたったら仕立て直しをする。かつての日本では当たり前の風景だった」と岩田氏は振り返ります。

大量生産、低価格販売の大波にすっぽりと飲み込まれた寝具業界では、買い替え需要ばかりを追ってきたメーカーが、そうした面倒なことをいつの間にかやらなくなってしまった。イワタは製品を長く使うという古き良き習慣を、今の時代に合った形で復活させようとしています。

もうひとつ注目したいのが価格帯。イワタはこれまで高級路線で通してきましたが、新ブランドはマットレスが12万円からという設定です。従来のイワタ製品では20万円が最低価格だったため、およそ6掛けの価格です。「環境への意識が高い、30〜40代のミレニアル世代がターゲットなので買いやすさに配慮した」と説明します。漂白や染色という工程を減らしたり、パッケージを簡素化したりすることによる、コストダウンによるものです。

サーキュラー・エコノミーへ移行すると、モノづくりでさまざまな配慮が必要になり、今まで以上にコストが掛かると思われがちです。しかし、実際はそうとも言い切れません。無地の生成りでいいのに色柄をあえてつけるといった、生産コストや環境への負荷が増えるような「余計なこと」を実はしてきたのかもしれません。

イワタは創業した1830年、それまで麻や絹のふとんしかなかった時代に、初めて綿のふとんを販売した歴史を持ちます。1960年代には欧州で人気のあった羽毛ぶとんをどこよりも先に国内に導入しました。岩田氏は「新し物好きは京都人の気質」と笑いますが、時代の風を読み取る先見性に長けていたとも言えます。

今回も新ブランドの立ち上げとともに、滋賀の自社工場や京都本店で使う電力を100％再生可能エネルギーに切り替えました。時代を見抜く進取の精神は、190年経った今も失われていないようです。

第８章　紙の無駄にビジネスチャンスあり

――グーフ

刷られた紙に無駄はないのか

経済産業省工業統計によると、日本の印刷業の市場規模は１９９１年に８兆９２８６億円のピークを記録した後、徐々に縮小し、２０１７年には５兆２３７８億円となりました。企業同士による価格競争によって、印刷物の価格が低下、これが市場規模の縮小につながっています。他の業界同様、ここでも企業が疲弊するばかりの不毛な戦いが繰り広げられています。

印刷業界では、環境問題に対する対策は比較的早い時期から始まっており、用紙を再生紙にしたり、インクを有害な化学物質を排除した環境に優しいものに替えたりと、各社積極的に取り組んでいます。最近では、そうしたハード面へのアプローチだけではない、マーケティングの発想とデジタル技術を使った、いわゆるデジタル・トランスフォーメーション（DX）で課題解決に挑む国内の企業が登場してきました。

ところで、紙の印刷というと何を思い浮かべるでしょうか。おそらく書籍や雑誌といった「出版印刷」をすぐにイメージする人が多いと思いますが、日本印刷産業連合会の統計を見ると、出版印刷は印刷業全体の10・2％程度に過ぎません。

多くのシェアを占めるのが、チラシやDM（ダイレクトメール）、ポスター、それにカタログ類というメーカーや販売店が広告宣伝や販促などに使うための「商業印刷」というジャンルで、全体の38・3％を占めます。

電子メールやSNSが主たるコミュニケーションツールとなっている今でも、自宅や会社にはDMがよく送られてきます。ポストをのぞくと、さまざまなチラシが投函され、新聞などでもいまだに折り込みチラシを目にします。

ただ、そのほとんどはあまり目を通すこともなく、ゴミ箱に直行ではないでしょうか。電通系の調査会社が行った調査によると、企業が発注して刷った店頭用販促ツールの約65％は、詰めたダンボールを開けられることなく廃棄されているそうです。ケースによっては90％が廃棄というひどい数字も見られます。

これはどういうことを示しているかというと、ＳＮＳやメールを使った広告や宣伝の手段があるにもかかわらず、まだ印刷物しかなかった時代の、大量に刷ってあちこちに大量にばらまくビジネスモデルが、どうやら今も続いているということです。

発注側も、受注する側の印刷会社も、そうした昔ながらの商売のやり方から抜け出せない。これは明らかに資源の無駄使いであり、環境破壊でもあります。

印刷物をデジタルのようなスピード感で

東京・品川にあるグーフ（goof）という企業は、この無駄を省くことから新たなビジネスモデルを作ろうと、デジタル技術を駆使したサービス「Ｐ．ｏ．Ｔ．（Print of Things）」を２０１８年から始めています。グーフ自体は印刷業に携わっていますが、印刷機を所有していない、マーケティングに特化した会社です。

Ｐ．ｏ．Ｔ．とは、紙の印刷物をデジタルメディアと同等の簡易さとスピードで提供するサービスです。グーフＣＥＯの岡本幸憲《ゆきのり》氏は「とりあえず何百万部とどんぶり勘定で刷っていたＤＭなどを、デジタル技術を使って目的に応じた正しいタイミングで、正しい量を、正しい場所で刷っていく」と説明します。

現在、通販会社や事業会社など約30社にサービスを提供しており、着実に大きな成果を上げる事例も出てきました。

たとえば、毎月平均80万通のDMを顧客に配布していたアパレル企業とはこんな実証実験の支援を行いました。まず、その企業の保有する顧客データから購買動向を分析し、目的としていた施策に対し購入確率の高い買い手の絞り込みを行いました。そして個々に対し、適正なオファーを提案するDMを配布したところ、15万通まで減らしても同じ売り上げを達成することができたのです。

このブランドにとっては65万通の無駄なばらまきをなくすことができ、ハガキの印刷代や郵送代を含めるとおよそ5000万円のコストが削減できました。当然、収益性も高められました。

総合通販会社ディノス・セシールが運営するECサイト「ディノスオンラインショップ」との取り組みでは、紙の印刷物が持つ可能性を明らかにしました。

ECサイトでは、利用するユーザーがサイトから選んだ商品をカートに入れても購入に至らないケースがあります。これを「カート離脱」顧客と呼ぶそうです。ECサイト側はこうしたユーザーに対し、カートに入れた商品の購入を促すためにプッシュの電子メールを送るのが一般的です。ただ、仕事でもプライベートでも膨大な電子メールを受信する昨今では、そうしたメールが開封されない傾向にあり、電子メールによる訴求力低下という課題を抱えていました。

そこでグーフは、紙のDMをカート離脱してから最短24時間で印刷・発送するサービスをディノス・セシールに提案し、テスト運用を試みました。カート離脱顧客を対象に、従来通りの電子メールでのみ実施した顧客約3000人と、電子メールと紙のDM双方を送った顧客約7000人で、購入を促した商品の購入率を比較すると、紙のDMも送付した顧客のほうが、購入率は約20％高いという成果を得られたのです。

考えられる要因としては、電子メールに比べ高解像度で記憶に残りやすい紙を届けたこと、その内容が顧客のニーズにリアルタイムにパーソナライズされて届けられたこと、そして郵便・宅配などで確実に顧客の自宅やオフィスに届けられたことが挙げられます。つまり、無駄のように思われがちな紙のDMが、きちんと効果的に配れば大きな力を発揮してくれることを実証したのです。

２０１７年に行ったこのテスト運用の結果、グーフは翌年の２０１８年からディノス・セシールでのサービスを本格始動させています。

徹底的に無駄を省くプラットフォーム

こうした紙の印刷メディアの新しい可能性を引き出すP．o．T．の仕組みとはどういうものか。端的に言うと、印刷物の発注者と印刷会社の生産現場を、クラウドを活用し、最適なロジックで結ぶ印刷のプラットフォームです。

マーケティングの施策に求められるルールをあらかじめ登録しておき、顧客のCRM（顧客関係管理）やマーケティングツールからデータが送られてくると、要求される仕様に基づいて印刷に必要なデータを自動的に生成し、標準化されたパートナー印刷会社に連携していきます。

刷る側の印刷会社は固定化されていません。印刷物の仕様と目的に応じて「適地生産」するのがこのサービスの大きな特徴です。グーフは、発注企業と印刷会社の間に入り、サービス全体を運営する役割を担います。

実際の印刷は、現在グーフが提携する9社の印刷会社が請け負っています。提携先は、錦明印刷（本社：東京都千代田区）、フジプラス（大阪府大阪市）、アスコン（広島県福山市）、大洞印刷（岐阜県本巣市）、小松総合印刷（長野県伊那市）、西川コミュニケーションズ（愛知県名古屋市）、研文社（東京都新宿区）、ウイル・コーポレーション（石川県白山市）など、全国に散らばっています。さらに各社が地元で印刷会社のネットワークを持っているので、量や仕様に応じて臨機応変に協力することが可能です。「印刷の受注はこれまで首都圏一極集中で、東京で受注された印刷物を郊外や地方にある工場で大量に印刷していた」と岡本氏は言います。印刷会社の工場が埼玉県にあるなら、埼玉でいったん刷られ、そこから全国に配送される流れです。

一方、P.o.T.を利用すると、事業会社が企画する施策の仕様に合わせ、最適な分散処理を自動的に実行するため、埼玉の工場で一括して刷らずに各地域の印刷会社で刷ることができます。岡本氏によると、大量の注文でも発注から印刷物を届けたい相手まで、最短24時間で届けられるという話です。これなら、電子メールのスピード感と遜色ないですし、印刷物のROI（投資利益率）効果も格段と向上することでしょう。

加えて、埼玉から全国に配送するコストが要らなくなります。サーキュラー・エコノミーの視点から言えば、配送トラックの燃料とトラックが排出するCO_2を削減することになります。

紙の持つ可能性と価値を引き出す

このシステムを使うと、全国に同じ内容の印刷物をばらまいていたものが、地域や個人ごとに内容を変えられます。子育て世代が多く住むエリアにはその世代が興味を持ちそうな知育玩具を特集し、個人に合わせた内容のDMを送るという具合です。

読まれることなくそのままゴミ箱に捨てられる無駄なDMが削減できるだけでなく、地域別に絞り込んだエリアマーケティングや個人に対するダイレクトセールスが印刷物を使ってできます。

岡本氏は「デジタル全盛の今、デジタルにはないアナログな紙の保存性や記録性、そしてデザインを含めた情報伝達性が改めて見直されている」と言います。

確かに、家具が載った紙のカタログを手にすると、その1冊に載っている家具すべてが自分の物になったような、わくわくする気持ちになります。

これはECサイトで商品ページごとの断片的な情報を見ているときには感じないもの。「紙は作り手や送り手の思いを丁寧に伝えられるメディアだと思う」。岡本氏は、無機質で物凄いスピードで流れるデジタル情報に食傷気味な現代人の気持ちを代弁します。

印刷の最適化とは

1965年生まれの岡本氏は16歳で渡米。27歳のときには西海岸のシリコンバレーでeラーニングなどの事業立ち上げに携わり、先端的なデジタルカルチャーの洗礼をうけました。31歳で帰国、父親が印刷業を営んでいた関係で印刷の世界に飛び込みました。

当時、日本ではDTPが普及するなど、製作現場でのデジタル化は目覚ましい勢いで進んでいましたが、商売のやり方や進め方は旧来のまま。「無駄が野放しのままでは印刷が危ない」と感じたそうです。次第に、デジタルだけでは足りない面も明らかになり、デジタルと紙を融合させていくことにこそ印刷の未来があると、2012年にグーフを設立しました。

考えてみると、グーフのサービスはざっくりとグロスで印刷していたスタイルを改め、必要な分だけ印刷し、印刷した分だけ課金していくビジネスと言えます。その意味では序章で触れたサーキュラー・エコノミーの5つのビジネスモデルの「サービスとしての製品（Product as a Service）」に当てはまり、さしずめ「Print as a Service」と言えるでしょう。

クラウドで複数の印刷会社をつなげていくあたりは、デジタルを使った再構築となるデジタル・トランスフォーメーションです。これもサーキュラー・エコノミーに欠かせないインフラです。印刷業の無理と無駄をなくすことに動いたグーフは、まさに、サーキュラー・エコノミーを実践していたわけです。

言語や文化が異なる欧州では、各国ごとに印刷する「適地適量」生産が以前から導入されていますが、日本ではグーフのような事例は私が知る限り初めてです。

コロナショックを体験した国内の通販会社やアパレルなどは、一斉に事業の効率化やコストの見直しを始めています。カタログなどの印刷メディアを検討する中で、「印刷の最適化」に対する問い合わせがグーフに殺到しているようです。

印刷を発注してきた企業が自分たちのやってきた無駄に気づき、変わろうとするなら、印刷業全体のサーキュラー・エコノミーへの移行も一気に進むことになるかもしれません。

終章　日本の産業と、サーキュラー・エコノミーへの移行

江戸時代から続く、日本のエコとモノづくり

サーキュラー・エコノミーとはいかなるものか、海外企業の取り組みを通して、日本がこれまで進めてきた循環型社会やリサイクリング・エコノミーとの考え方やビジョンの違いを理解していただけたでしょうか。

とにかく世界の動きはめざましい。欧米だけでなく、中国やインド、それにインドネシアといった新興国も、政府が国家戦略としてサーキュラー・エコノミーに取り組もうとしています。

新興国では成長のための経済システムや社会インフラそのものが確立していないため、サーキュラー・エコノミーへの移行には多少時間が掛かるでしょう。その点、日

本は循環型社会に向けたリサイクルや資源の効率化の仕組みづくりに早くから取り組んできました。循環の基盤となる仕組みの原型はもう出来上がっているので、あとは考え方やビジョンをすんなりと切り替え、法制度の変更ができれば、移行のスピードは意外に速いかもしれません。このあたりに、日本の優位性があります。

日本の技術力があれば、今なら世界の中でサーキュラー・エコノミーのリーダーシップを取れる可能性は十分にあるのです。

そもそも日本人にはサーキュラー・エコノミーがＤＮＡに刷り込まれている、と私は考えています。

たとえば、江戸時代の約２１５年間、日本は鎖国をしていました。それは、海外から資源や製品などをほとんど輸入することなく、国内にあるモノだけで暮らしていたことを意味します。

当時の人たちはどんな暮らしをしていたのか。『大江戸リサイクル事情』（講談社文庫）などの資料を読むと、江戸の町には廃棄物をしっかり回収し、さまざまなモノをリサイクルして使う暮らしがあったようです。

江戸時代の初めの頃は、各家で出たゴミは川や堀、空き地などに捨てられていましたが、人口が増えていくと（ちなみに江戸の人口は１８００年代に約１２５万人と推定され、同じ頃のロンドンが約86万人、パリが約67万人だったことを考えると、世界最大の大都市だったと言えます）、空き地はなくなってくるし、川のゴミは川船の運航の妨げになる。そこで江戸幕府は１６５５年（明暦元）にゴミの集積所を設け、たまったゴミを指定業者が船で運搬して永代島（現在の東京都江東区あたり）に捨てるように命じました。これによって、ゴミの収集、運搬、処分という流れができ、これが今の時代にも続いているわけです。

また、紙くずから金物のくず、生ゴミ、落ち葉までが拾い集められ、くずの寄せ場で種類別に分別されました。それを専門業者がお金を払って回収し、新たに再生紙や金物、それに堆肥に再利用していました。当時、町に落ちているゴミは「爪の垢《あか》ぐらい」と言われたほど、町中には何も落ちていなかったようです。今の大量の廃棄物が嘘のようです。

鍋や釜などを修理する鋳掛屋《いかけや》、割れた陶磁器を修理する焼継屋《やきつぎや》、桶や樽を修理する箍屋《たがや》、包丁などを研ぐ研屋《とぎや》といった具合に、町には修理や修繕を生業《なりわい》にする職人がたくさん住んでいました。

町人が着ている着物もほとんどが古着だったようで、新調するのは大店《おおだな》の金持ちぐらい。着物として着られなくなったら、子ども用に仕立て直したり、おしめや雑巾にしたり。端切れ屋という、端切れを買い取ってくれる店もありました。

反物《たんもの》を直線で裁《た》つ着物は、ほどき直して仕立て直すことを前提に考えられていたとも言えます。縫いをほどいて洗い、仕立て直す洗い張りや、染め直しといったリサイクルも頻繁に行われていました。排泄物もまた、米や野菜を育てる重要な肥料として使われていました。

石油などの化石燃料はなく、1887年（明治20）に石炭による日本初の火力発電所が稼働したとされているので、それまで夜間の照明は油や蝋《ろう》を使い、暖を取るには木炭の火鉢、風呂を沸かすには薪が使われていました。油や蝋は植物やミツバチの巣から絞り出し、木炭や薪は森の木を伐採して賄っていたわけです。

まさに、何事も循環する、サーキュラー・エコノミーの暮らしでした。しかも、そうした暮らしがあくせくと働くだけの、なにかと我慢し通しの日々だったのかというと、どうもそうではなさそう。町人は浮世絵に歌舞伎、落語を楽しみ、吉原のような遊郭も生まれていました。花鳥風月を愛《め》で、風流で粋な町人文化が江戸時代には花開いています。

確かにモノは豊かではなかったかもしれないけど、気持ちは今より豊かだったに違いありません。

「もったいない」が「MOTTAINAI」へ

そうした日本人の暮らし方を端的に表す言葉が「もったいない」です。環境分野で初のノーベル平和賞を受賞したケニア人女性、ワンガリ・マータイ氏が2005年に来日した際、日本のモノを大事にし、何事も再利用する暮らしに感銘して「もったいない」という日本語をスピーチで使いました。今や「MOTTAINAI」は世界共通語として、資源を有効活用する際のキャッチフレーズに使われています。

第4章でプラスチック廃棄物を少なくする取り組みとして、一般消費財の容器を繰り返し使用する「Loop」の試みを紹介しましたが、日本の一般家庭ではビール瓶をリユースして使う商習慣が早くから広がっていました。瓶が欠けたり汚れていたりしても、気にせず、使っていました。

1990年代頃からはシャンプーや洗剤などで、使い切った容器を再利用する詰め替え用をメーカーが販売するようになりました。日本石鹸洗剤工業会によると、現在、市場に出回っているこれらの商品の8割が、詰め替え用に切り替わっているとのことです。

詰め替えの手間を惜しまないのは日本の国民性のようで、環境への意識が高い欧米では意外にも詰め替え用があまり普及していません。もっとも、詰め替え用のパウチ容器は複数の異なる素材を使用しているのでリサイクルがしにくい。そのため欧米であまり使用されていないという事情があるようです。

モノを繰り返して使ってきた文化や、日本独自の詰め替え商品など、私たち日本人にはサーキュラー型の暮らしを実践できる伝統と気質があるように私は思います。

社会貢献ではなく、企業の成長戦略として

ここから先に重要なのは、企業や組織として、サーキュラー・エコノミーへの一歩を踏み出せるかです。

本書でも取り上げたように、ミツカンやイワタといった老舗企業がサーキュラー型の新ブランドを立ち上げたり、ベンチャー企業のグーフが新たなビジネスモデルを試

みたりと、日本でもようやく動きが活発化しそうな気配を感じています。

大手では、総合化学メーカーの三菱ケミカルが、2020年4月1日付で「サーキュラーエコノミー推進部」を新設しています。大手企業が部署名にこの名称を使うのはおそらく初めて。これはかなり意識しているということです。

具体的に何をしていくかはこれからのようですが、国内よりは、欧州市場での活動に重きが置かれると予想されます。従来、環境や社会面での企業活動は本業とは切り離し、CSR（企業の社会的責任）として論じられることが多かっただけに、本業の中でサーキュラー・エコノミーを取り込む経営や舵取りに期待したいと考えています。

自治体では、東京都が2019年12月に発表した「ゼロエミッション東京戦略」で、2050年にCO_2排出を実質ゼロにするための明確なロードマップを描きました。そして、その戦略や施策の中心に置かれているのが、サーキュラー・エコノミーの考え方です。

東京都が作成したイメージ図を見ると、しっかりとサーキュラー・エコノミーの記載があり、日本の自治体でこの名称を本格的に用いた初の事例と言えます。資料を読みこむと、とりわけ資源・産業セクターの取り組みにサーキュラー・エコノミーをベースにした考え方が反映されています。プラスチック対策においては、持続可能な利用に向けた事業として、Loopのリターナブル容器によるビジネスモデルを採択しています。

中小企業こそ、サーキュラー・エコノミーを原動力に

サーキュラー・エコノミーへの移行は、従来の考え方ややり方を改め、新たな発想や手法に思い切って舵を切ることになるので、企業であれば社員全員の理解や共有といった意思統一を図ることが欠かせません。

第2章で紹介したナイキのように、まずは社内外に向けて明確なビジョンを宣言することもひとつの手段です。その上で、企業のトップや経営陣によるトップダウンの断行もときには必要になってきます。

その意味では、大所帯ではなく、組織体系も複雑ではない中小企業のほうが移行しやすいかもしれません。サプライチェーンも大企業ほど複雑にはならないので、事業モデルを変換しやすい。株式を公開していない非上場であれば株主に縛られることもない。何より、サーキュラー・エコノミーをすぐさま成長の原動力にできるメリット

があります。

ここで、サーキュラー・エコノミーを原動力に社員の意識を変え、業界の風を変え、自社の業績を伸ばしてきた中小企業を紹介しましょう。

長野県上田市に本社を構えるアトリエデフは、社員30人規模の戸建て住宅をメインに手掛ける住宅メーカーです。

人口減で新設住宅の着工戸数は年々減っています。国土交通省の調べによると、2006年度に129万戸だった着工戸数は、2018年には95万戸と30％も減っています。そんな中にあっても、アトリエデフは長野から群馬、山梨、埼玉、東京、神奈川と広いエリアで、2010年から毎年20～40棟の戸建て住宅を建て続けています。

2020年のコロナショックが始まった春も、同業他社が厳しい経営を強いられる中、アトリエデフには一般の消費者からの問い合わせが止まらなかった。「コロナを機に、自らの暮らし方を見つめ直す中で、ウチの家づくりに関心を持ってくれた」と社長の大井明弘氏は語ります。

自然素材で安心安全な家をつくる

コロナショック下でも支持されるアトリエデフの家づくりとはどういうものなのでしょうか。それは、国産の木材をはじめとした自然素材を使った、安心安全な循環型の家です。

日本の住宅で使われる木材は、まだまだ外国産のほうが多く、国産木材の使用率は、林野庁によるとようやく36・6%まで上がってきたという状況です。どうして国産が使われてこなかったかというと、まずは価格面です。外国産の木材のほうが安かったのです。

２０１５年頃からは輸送コストの増加などもあって、国産材が安くなる逆転現象が起こっていますが、依然国産は不人気です。というのも、国産の木材の品質が均一ではなく、むしろ外国産に比べ扱いの難しさがあるからです。

これは日本の林業が抱える問題とも関係してきます。国産木材の需要がなかったために、長らく日本の山は放ったらかしの状態だったのです。本来は密集する木を間引いて、成長を促す間伐を定期的に行っていかなければならないのですが、放置したために森には木が好き放題に林立。各々の木が枝を広げ、葉を広げることで、森の中に太陽の光が十分に差し込まなくなってしまいました。こうなると、木の足元に笹が増え、下草が生えにくい環境となるのです。

下草は秋から冬に掛けて枯れることで土を腐葉土に変えてくれます。これが木の栄養となる堆肥となるわけです。木は腐葉土のお陰でしっかりと根を張ることができ、大木に成長し、結果的には上質な材木を提供してくれる。ところが、下草が生えないと腐葉土ができず、栄養が不十分な木となって、木材の品質も落ちるのです。

腐葉土ができないことは多方面で負の連鎖を引き起こしています。まず、腐葉土は雨水を浄化する作用があるため、山の浄化機能が失われることになります。雨水は山から川へ、そして海に流れ、その間飲料水としても利用されることを考えると影響は重大でしょう。

また、若木が順調に成長しなくなる。若木は年を経た大木に比べると、たくさんのCO_2を吸い、大量のO_2を放出してくれるので、森の空気清浄機能も衰えることになります。さらに、気候変動の影響で頻発する大型台風や集中豪雨時には、腐葉土がないばかりに大地に根をしっかりと張ることができない木は次々になぎ倒され、それが土砂災害を引き起こす要因にもなっているのです。

大井氏はこの悪循環をなんとか断ち切ろうと、「日本の山を守り育てること」を会社のミッションに掲げ、国産の木材を使った家づくりを宣言したのです。国産の品質が一定していない課題に関しては、「目利きの職人たちの技術と知識があれば、この木なら住宅のこの部分に使えるといった選別でカバーできる」と対処しています。

木材以外では、夏は蓄冷、冬は保温とエアコンの要らない暮らしが可能になる土壁を採用した「土壁の家」プロジェクトを、前橋工科大学との共同研究で2011年にスタートさせています。また、断熱材には木の繊維で作ったウッドファイバーや羊毛を採用するなど、長く使い続け、最終的には自然に還る素材のみで家をつくることを目指しました。

大井氏は、「80年から100年住める、三世代に引き継がれる家を」と言います。実は、植林してから木材が採れるまでには約80年を要すということなので、その間は最低でも壊れずに住み続けられる家を前提にしました。

逆風下でも、自らの信念を熱く語り現場を納得させる

アトリエデフの設立は1995年。当時、自然素材の家はおそらく日本ではほとん

どなかったと思われます。昭和の高度経済成長とともに、日本のハウスメーカーが取った手法は安い・早い・大量生産の家づくり。注目されたのが集成材や石膏ボードなどの「新建材」と呼ばれる建築材料です。安価で手に入り、和洋問わずいろいろなデザインに対応できるなど使い勝手もいい。建物の構造部材から仕上げ材まで、あらゆる部分で多用されました。

ただ、新建材には大きな問題がありました。塩化ビニールやポリエステルなどのプラスチック、さらには化学合成接着剤や塗料も大量に使われているのです。また、外国産には防虫剤が散布されており、当時の家は化学物質で満載と言っても過言ではなかった。やがて、こうした化学物質が住む人たちにシックハウス症候群といった重大な健康被害をもたらすことが明らかになっていきます。

大井氏自身もその怖さを身を持って体験したひとりです。念願のマイホームを新築したところ、子どもたちの体調が相次いで悪くなったのです。「どうやら家に使った新建材が原因だったよう」。新建材の安全性に対する疑念が確信に変わったそうです。

さっそく、当時勤めていた建築会社に自然素材でつくる家のプランを提案しました。ところが、新建材ブームの最中、誰も耳を貸そうとしません。そこで、ならば自分でと38歳で起業することとなったわけです。

「社内や取引先に対して、使う木材は国産のみ、そして化学合成の新建材や接着剤は一切使用禁止と通達した。いわば、当時ではありえない家づくり。当然、現場の大工たちから今までのような仕事ができなくなると反発があったし、社員も戸惑った」と当時を振り返ります。

大井氏はそうしたスタッフ一人ひとりと向き合い、なぜ自然素材にするのか、どうして日本の山を守っていかなければならないのか、自分の考えや信念を熱く語りました。半年、1年と根気強く説得を続けていくと、業界では異例だったものが「社内の当たり前」になり、社員たちも自然素材の家づくりに共感し、支持する仲間も集まるようになりました。

ただ、大井氏はそこで満足しませんでした。さらに推し進めたのが、サーキュラー・エコノミーの概念に沿ったサーキュラー・エコノミー型の家への移行です。自然素材だけでつくることで住み終わった家は土に還る、まさに「土に還る家」を標榜《ひょうぼう》してきましたが、それでは不十分と考えたのです。

「土に還す前に、使っていた建材を他の住宅でまた使えないだろうか」

窓のアルミサッシや、天井や壁の下地に使っていたボードはそもそも土に還せないので、廃棄していました。こうしたものを繰り返し使用できれば、環境への負荷を軽減できると、建材メーカーや原料メーカーと研究を進め、循環型の部材の開発を試みています。

「私が貫いた家づくりは確かに業界内の風当たりは強かったが、社員みんながついてきた。そして、住みたいと言ってくれる人も増えてきた」

上田に本社を構えていたアトリエデフは２００８年に長野県諏訪郡に新たな営業所を開設。その後、２０１３年に前橋、２０１４年には山梨にも営業所を加え、各地にモデルハウスをつくってきました。２００６年まで年に10棟程度だった新築着工数も、翌年には倍、さらに3倍と拡大させています。

「会社の業績を伸ばせたことで、社員も安心し、納得してくれたのだろう。逆に業績が落ちていたら説得力もなく、みな離れていった。社長としてはとっくに首だし、会社も潰れていた」と本音を語ります。

将来の道筋を示す企業でありたい

アトリエデフの事例から、サーキュラー・エコノミーへの移行では欠かせない、重要なポイントが見つけられます。

便利で簡単な家づくりを変えようとしない住宅業界の経済システムの中で、アトリエデフは自然素材の家という新しいビジネスモデルを確立させました。それは旧来のリニア・エコノミーから移行するのと同じです。

これを可能にしたのは、企業として進むべき明確なビジョンを掲げ、トップが強いメッセージを発信し続けたからです。業界の時代の流れに安易に乗るのではなく、独自の信念を社内に徹底することが重要です。

一方、大井氏は「創業から20年経って、やっと理想とする家づくりのビジネスに手応えを感じられるようになった」と告白します。理想のゴールを掲げながら、そこに向かって焦らず、じっくりと粘り強く信念を持って推し進める。この長期的な展望も大切です。

「サーキュラー・エコノミーに移行すれば、すぐに業績が上がる」。そう勘違いする企業人が結構います。残念ながら、現時点では短期的に利益を得られるビジネスモデルではありません。20年、30年という長期的思考で企業や事業のリスク、それに機会を考え、先行的にアクションする。それによって、自らの手で新しいマーケットを切り拓き、結果として利益と企業の価値を高めていく。高度経済成長以降の考え方を私たちはそろそろやめなくてはいけません。より中長期的なビジョンを持つことが、成長の第一歩になるのです。

大井氏はこうも指摘しています。

「家をつくるのが目的ではなく、人と自然が循環する暮らしをつくることが目的でその一部に家がある」

その上で、消費者の意識を変えることこそが企業の役割でもあると強調しています。

実際、アトリエデフでは、各地の営業所で家のオーナーや一般の人とともに野菜づくりや料理教室、家づくり教室を開催するなど、自然と共生する暮らしを体験するイベントを行ってきました。また、会社や家族で参加できる植林イベントや森の中でのワークショップも企画し、日本の山の現状を知ってもらうさまざまな機会を提供しています。こうした地道な発信と活動が体験者の意識を変えることとなり、結果的には新築物件の受注を増やしてきました。

日本の企業はどちらかというと、消費者の動向ばかりを気にして、消費者の後をひたすら追ってきたのではないでしょうか。そうして、消費者のニーズにいかに即応できるかを各社で競ってきたのです。でも、従来の経済システムが行き詰まりを見せた今こそ、企業が、私たちが未来に向かって進むべき道を指し示す番です。

意識の高い消費者はすでにサーキュラー・エコノミーの観点で購買行動をとり、暮らしていますが、まだまだ大多数ではない。消費者にそうした気づきを与える責務を企業が負っている、と考えます。

おわりに――日本はサステナブルなビジョンを描けるか

気候変動の緩和やESG（環境・社会・企業統治）経営が、世界共通の社会・経済課題として過去最大の盛り上がりを見せた2019年。2020年に向けて一層のうねりが生まれる、と世界が考えていた矢先に起こったのが、新型コロナウイルスによるパンデミックでした。

企業ではグローバルなサプライチェーンが分断され、世界各都市はロックダウンにより経済がストップ。そのあおりで、有名企業が相次いで倒産する事態が起きました。

長期にわたる景気後退が予想されることから、当初は、経済復興の過程では従来型のリニア・エコノミーが再び主流に復活するのではないかと危惧されました。

しかし、本書を執筆時点の2020年6月時点で、機関投資家のESG投資志向はこれまでと大きく変わることはなく、グローバルの有力企業はその歩みを止めることはないようです。

それどころか、欧米諸国の機関投資家や企業は世界中の政府に対し、「パンデミックからの経済復興はグリーン・リカバリー（気候変動の緩和と環境再生を実現する経済復興）であるべきだ」という公開書簡を突き付け、続々と署名しました。また、EUは経済復興支援策として、欧州委員会が２０１９年12月に発表した気候変動対策「欧州グリーンディール」の枠組みを基本とすることを公表しています。

欧米においては、パンデミックをきっかけに、サーキュラー・エコノミーへの取り組みが喫緊の課題と再認識されました。持続可能な社会・経済への移行が従来以上に加速されることが明確になったと言っても過言ではありません。

ではそうした中、日本の政府、企業、自治体は、どのような長期ビジョンを描いていけるのでしょうか。

欧州グリーンディールでは、産業全体が循環再生型（サーキュラー・エコノミー）に移行するのには25年かかるとしています。２０５０年までに実現するためには、２０２０年から5年の間に、すべての企業が移行をスタートしないといけないという時間軸になります。

今回、日本の企業や企業人、研究者、学生、そして一般の消費者の方たちに、サーキュラー・エコノミーのことをお伝えしたくて、初めて新書を書き上げることにしました。十分な取材ができない環境にあったので、現在、出版や公開されているサーキュラー・エコノミー関連の書籍・レポート・各種資料や、各企業がホームページ上で発表している資料・リリースなどを参考にさせていただきました。

そうした作業を通して、日々、新たな関連情報が更新されていることを実感しました。サーキュラー・エコノミーが世界で大きな注目を集めているエポックであることが、改めてわかりました。

外出が制限されている中で、リモート取材に丁寧にご対応いただいた日本の企業、Mizkan Holdings、イワタ、グーフ、アトリエデフ各社のみなさまに改めて感謝を申し上げます。

また、出版に際しては、編集をご担当いただいたポプラ社の浅井四葉さん、ライターの佐藤俊郎さんに大変お世話になりました。この場を借りて、厚くお礼申し上げます。

いずれにしても、せっかく描いたビジョンも、実践に移さないと意味がありません。みなさんはこのまま、サーキュラー・エコノミーの潮流に乗り遅れて、横並びに沈んでいくのでしょうか。それとも、サーキュラー・エコノミーへの移行という一歩を踏み出し、さらなる成長を遂げられるのか。10年後、30年後に生き残る企業であるためには、これからの5年が勝負となるでしょう。

2020年7月、リモートワーク中の都内自宅にて。

中石和良

Circular Economy Tackles Climate Change」2019／「Reuse-Rethinking Packaging」2019／「Circular Economy in Cities」2019／「CITIES AND CIRCULAR ECONOMY FOR FOOD」2019／「Artificial Intelligence and the Circular Economy」2019／「The Circular Economy Opportunity for Urban and Industrial Innovation in China」2018／「CIRCULAR CONSUMER ELECTRONICS: AN INITIAL EXPLORATION」2018／「A New Textiles Economy: Redesigning fashion's future」2017／「The New Plastics Economy: Rethinking the future of plastics」2016／「TOWARDS THE CIRCULAR ECONOMY Vol. 1: Economic and business rationale for an accelerated transition」2012／「TOWARDS THE CIRCULAR ECONOMY Vol. 2: Opportunities for the consumer goods sector」2013／「TOWARDS THE CIRCULAR ECONOMY Vol. 3: Accelerating the scale-up across global supply chains」2014／「Circulytics-measuring circularity」2019／「NEW PLASTICS ECONOMY GLOBAL COMMITMENT JUNE 2019 REPORT 」2019／「THE NEW PLASTICS ECONOMY GLOBAL COMMITMENT 2019 PROGRESS REPORT」2019

＊

・欧州委員会（European Commission）
「First Circular Economy Action Plan」2015／「A European Green Deal」2019／「New Circular Economy Action Plan」2020／「Questions and Answers on the MFF and Next Generation EU」2020

・気候変動に関する政府間パネル（IPCC）
「1.5℃特別報告書（Global Warming of 1.5℃ an IPCC special report）」2015

・国連環境計画（UNEP）
「Putting the brakes on fast fashion」2018／「Single-Use Plastics: A Roadmap for Sustainability」2018

・国連環境計画・国際資源パネル（UNEP-IRP）
「Decoupling Natural Resource Use and Environmental Impacts from Economic Growth」2011

・国際自然保護連合（IUCN）「Primary microplastics in the oceans」2017

・国連欧州経済委員会（UNECE）「Fashion and the SDGs」2018

参考資料一覧

書籍

・『サステイナブルなものづくり――ゆりかごからゆりかごへ』（ウィリアム・マクダナー、マイケル・ブラウンガート著、岡山慶子、吉村英子監修、山本聡、山崎正人訳、人間と歴史社、2009）

・『サーキュラー・エコノミー――デジタル時代の成長戦略』（ピーター・レイシー、ヤコブ・ルトクヴィスト著、アクセンチュア・ストラテジー訳、牧岡宏、石川雅崇監訳、日本経済新聞出版社、2016）

・『ドーナツ経済学が世界を救う――人類と地球のためのパラダイムシフト』（ケイト・ラワース著、黒輪篤嗣訳、河出書房新社、2018）

・『地球に住めなくなる日――「気候崩壊」の避けられない真実』（デイビッド・ウォレス・ウェルズ著、藤井留美訳、NHK出版、2020）

・『じゅうぶん豊かで、貧しい社会――理念なき資本主義の末路』（ロバート・スキデルスキー、エドワード・スキデルスキー著、村井章子訳、筑摩書房、2014）

・『スマート・ジャパンへの提言――日本は限界費用ゼロ社会へ備えよ』（ジェレミー・リフキン著、柴田裕之、伊藤陽子訳、NHK出版、2018）

・『自然資本経営のすすめ――持続可能な社会と企業経営』（谷口正次著、東洋経済新報社、2014）

・『ものづくり「超」革命――「プロダクト再発明」で製造業ビッグシフトを勝ち残る』（エリック・シェイファー、デビッド・ソビー著、河野真一郎監訳、山田美明訳、日経BP、2019）

・『SDGsが問いかける経営の未来』（モニター・デロイト編、日本経済新聞出版社、2018）

・『ESG思考――激変資本主義1990-2020、経営者も投資家もここまで変わった』（夫馬賢治著、講談社＋α新書、2020）

・『大江戸リサイクル事情』（石川英輔著、講談社文庫、1997）

レポート

・エレン・マッカーサー財団（Ellen MacArthur Foundation）「DISCOVER THE CIRCULAR ECONOMY」／「Completing the Picture：How the

＊

・環境省「循環型社会形成推進基本法」2000
・環境省「循環型社会形成推進基本計画」（第 4 次）2018
・環境省「環境白書・循環型社会白書・生物多様性白書」2020
・環境省「プラスチック資源循環戦略」2019
・経済産業省「循環経済ビジョン研究会報告書」2018〜2020
・国土交通省「住宅着工統計」2020
・国土交通省「運輸部門における二酸化炭素排出量」2020
・林野庁「平成 30 年木材需給表」2019
・東京都環境局「ゼロエミッション東京戦略」2019
・一般社団法人プラスチック循環利用協会「プラスチックリサイクルの基礎知識 2020」2020
・日本印刷産業連合会「年次動向概要」
・日本石鹸洗剤工業会「石鹸洗剤業界における容器包装プラスチック使用量の推移」（1995〜2018）
・帝国データバンク「SDGs に関する企業の意識調査」

企業・団体サイト

・クレイドル・トゥ・クレイドル（Cradle to Cradle Products Innovation Institute）
https://www.c2ccertified.org/
・アヴェダ　https://www.aveda.com/
・エレクトロラックス「バキューム・アズ・ア・サービス（Vacuum-as-a-service）」
https://www.electroluxgroup.com/en/vacuum-as-a-service-electrolux-trials-new-subscription-based-business-models-29880/
・フィリップス「サービスとしての照明＝LaaS（Lighting as a Service）」
https://www.lighting.philips.co.uk/campaigns/art-led-technology
・シグニファイ「サーキュラー・ライティング（Circular lighting）」
https://www.signify.com/global/sustainability/circular-lighting
・ミシュラン「ペイ・バイ・ザ・マイル（PAY BY THE MILE）」
https://www.michelintruck.com/about/go-green/

・世界自然保護基金（WWF）「The Impact of a Cotton T-Shirt」2013

・国連食糧農業機関（FAO）＋国際綿花諮問委員会（ICAC）
「World Apparel Fiber Consumption Survey」2017

・国連気候変動枠組条約（UNFCCC）
「Fashion Industry Charter for Climate Action」2018

・国連工業開発機関（UNIDO）「Circular Economy」

・国連経済社会局（UN DESA）
「世界人口推計（World Population Prospects）」2019

・世界持続可能投資連合（GSIA）
「Global Sustainable Investment REVIEW 2018」2019

・世界銀行（World Bank Group）
「What a Waste 2.0 : A Global Snapshot of Solid Waste Management to 2050」2018

・経済協力開発機構（OECD）
「Business Models for Circular Economy」2019

・持続可能な開発のための世界経済人会議（WBCSD）
「CEO Guide to the Circular Economy」2017／「8 Business cases for the circular economy」2017 ／「Circular Transition Indicators V1.0 Metrics for business, by business」2020

＊

・イギリス「OUR WASTE, OUR RESOURCES : A STRATEGY FOR ENGLAND」2018

・フランス「France-Roadmap for the Circular Economy」2018

・中華人民共和国国務院「循環経済発展戦略及び短期行動計画」2013

・フィンランド・イノベーション基金（SITRA）
「Finnish road map to a circular economy 2016-2025」2016

・オランダ「A Circular Economy in the Netherlands by 2050」2016

・デンマーク環境・食料省「Danish Strategy for Circular Economy」2018

・State of Green（デンマーク環境団体）
「Moving towards a circular economy」2016

・「ファッション協定（THE FASHION PACT）」2019

・ステラ・マッカートニー「循環型のソリューション」
https://www.stellamccartney.com/experience/jp/sustainability/circular-solutions/
・ザラ「TOWARDS A CIRCULAR ECONOMY」
http://static.inditex.com/annual_report_2016/en/our-priorities/commitment-to-the-excellence-of-our-products/towards-a-circular-economy.php
・H&M「H&M tests rental service」
https://hmgroup.com/media/news/general-news-2019/new-inspirational-store-experience-launched.html
・スターバックス「リソース・ポジティブ（Resource-Positive）」
https://stories.starbucks.com/press/2020/starbucks-commits-to-a-resource-positive-future/
・イケア「イケアのサステナビリティレポートFY18」
https://www.ikea.com/jp/ja/files/pdf/19/f1/19f1b6f1/ikea_sustainability_report_fy18_jp.pdf
・三菱ケミカル「サーキュラーエコノミー推進部の新設について」
https://www.m-chemical.co.jp/news/2020/1208427_7469.html

関連団体・ニュースサイト

・Circular Economy Hub　https://cehub.jp
・MOTTAINAI　http://www.mottainai.info/jp/
・Bloomberg Green　https://www.bloomberg.com/green
・MEDIUM Circulate News　https://medium.com/circulatenews
・サステナブル・ビジネス・マガジン「alterna」　http://www.alterna.co.jp/
・IDEAS FOR GOOD　https://ideasforgood.jp/
・Sustainable Japan　https://sustainablejapan.jp/
・Business Insider Japan　https://www.businessinsider.jp
・ジャパン・フォー・サステナビリティ　https://www.japanfs.org/ja/

・ダイキン工業「タンザニアでWASSHAと新たなビジネスモデルの実証実験を開始」 https://www.daikin.co.jp/press/2019/20191125/
・WASSHA「タンザニアにおけるダイキン工業とのエアコンサブスクリプション事業の実施について」 https://wassha.com/update/20191125/
・ナイキ「スペースヒッピー 常識を変えてより良い未来に挑む」 https://nike.jp/nikebiz/news/2020/02/06/3246/
・アディダス「フューチャークラフト（FUTURECRAFT）」 https://news.adidas.com/futurecraft
・グーグル「サーキュラー・グーグル（A Citcular Google）」 https://services.google.com/fh/files/misc/circular-google.pdf
・アップル「サステナビリティ戦略」 https://www.apple.com/environment/our-approach/
・マイクロソフト「カーボン・ネガティブ（Carbon negative）」 https://blogs.microsoft.com/blog/2020/01/16/microsoft-will-be-carbon-negative-by-2030/
・アマゾン「シップメント・ゼロ（Shipment Zero）」 https://blog.aboutamazon.com/sustainability/what-is-shipment-zero
・アマゾン「サステナビリティ（All In: Staying the Course on Our Commitment to Sustainability）」 https://sustainability.aboutamazon.com/
・フェイスブック「サステナビリティ」 https://sustainability.fb.com/
・テラサイクル https://www.terracycle.com/en-US/
・ユニリーバ・ジャパン「プラスチックへの取り組み」 https://www.unilever.co.jp/sustainable-living/approach-to-plastic/
・ケリング・グループ「EP & L」 https://www.kering.com/en/sustainability/environmental-profit-loss/
・グッチ https://equilibrium.gucci.com/
・プラダ「リ・ナイロン（Re-Nylon）」 https://www.pradagroup.com/en/sustainability/environment-csr/prada-re-nylon.html
・エルメス「ルージュ・エルメス」 https://www.hermes.com/jp/ja/story/rouge-hermes-collection/

本書は書き下ろしです。内容は2020年6月現在のものです。

構成　佐藤俊郎
カバーデザイン　FROG KING STUDIO
本文DTP、図版作成　高羽正江

中石和良《なかいし・かずひこ》

松下電器産業（現パナソニック）、富士通・富士電機関連企業で経理財務・経営企画業務に携わる。その後、ITベンチャーやサービス事業会社などを経て、2013年にBIO HOTELS JAPAN（一般社団法人日本ビオホテル協会）及び株式会社ビオロジックフィロソフィを設立。欧州ビオホテル協会との公式提携により、ホテル&サービス空間のサステナビリティ認証「BIO HOTEL」システムを立ち上げ、持続可能なライフスタイル提案ビジネスを手掛ける。2018年に「サーキュラーエコノミー・ジャパン」を創設し、2019年一般社団法人化。代表理事として、日本での持続可能な経済・産業システム「サーキュラー・エコノミー」の認知拡大と移行に努める。

ポプラ新書
194
サーキュラー・エコノミー
企業がやるべきSDGs実践の書
2020年8月17日 第1刷発行
2022年6月8日 第3刷
著者
中石和良
発行者
千葉 均
編集
浅井四葉
発行所
株式会社 ポプラ社
〒102-8519 東京都千代田区麹町4-2-6
一般書ホームページ www.webasta.jp
ブックデザイン
鈴木成一デザイン室
印刷・製本
図書印刷株式会社

N.D.C.335/190P/18cm/ISBN978-4-591-16733-5

P8201194

生きるとは共に未来を語ること　共に希望を語ること

昭和二十二年、ポプラ社は、戦後の荒廃した東京の焼け跡を目のあたりにし、次の世代の日本を創るべき子どもたちが、ポプラ（白楊）の樹のように、まっすぐにすくすくと成長することを願って、児童図書専門出版社として創業いたしました。

創業以来、すでに六十六年の歳月が経ち、何人たりとも予測できない不透明な世界が出現してしまいました。

この未曾有の混迷と閉塞感におおいつくされた日本の現状を鑑みるにつけ、私どもは出版人としていかなる国家像、いかなる日本人像、そしてグローバル化しボーダレス化した世界的状況の裡で、いかなる人類像を創造しなければならないかという、大命題に応えるべく、強靭な志をもち、共に未来を語り共に希望を語りあえる状況を創ることこそ、私どもに課せられた最大の使命だと考えます。

ポプラ社は創業の原点にもどり、人々がすこやかにすくすくと、生きる喜びを感じられる世界を実現させることに希いと祈りをこめて、ここにポプラ新書を創刊するものです。

未来への挑戦！

平成二十五年　九月吉日　　株式会社ポプラ社